Michelet

Histoire de la Révolution

Les Grandes Journées

Préface de Michel Vovelle

Textes choisis, annotés et commentés par Paule Petitier

Le Livre de Poche

Ce volume réunit des extraits de l'*Histoire de la Révolution française* de Michelet consacrés aux événements les plus connus. Un autre volume rassemble les « portraits » des figures principales du récit.

Paule Petitier est agrégée et docteur d'État. Elle a consacré sa thèse ainsi que plusieurs travaux à Michelet. Elle participe à l'édition des *Œuvres complètes* de l'historien chez Flammarion.

Préface

Proposer de découvrir Michelet, historien de la Révolution, à partir du récit qu'il donne des Grandes Journées de la période, n'est point céder à la facilité des morceaux de bravoure. Pages brillantes, certes, où se concentre tout l'art de la mise en scène d'un meneur de jeu extraordinaire. Mais séquences essentielles, qui n'ont rien de gratuit : elles font plus que scander les étapes, dans la respiration globale de l'*Histoire de la Révolution*, car c'est au cœur même de ces moments de vérité que, pour Michelet, se fait l'Histoire.

A ce titre, il s'inscrit dans une continuité qui nous renvoie au temps même de 1789 : les maîtres de la gravure — Prieur, Swebach-Desfontaines, Duplessis-Bertaux — ont composé dès l'époque les *Tableaux historiques de la Révolution.* Au-delà du témoignage graphique, ils nous font percevoir comment le temps de la Révolution a été vécu, construit au fil des jours, scandé d'épisodes à partir desquels la Révolution se révèle à elle-même. Quand s'achève la série des « journées » — entre prairial et germinal an III et vendémiaire an IV —, une autre chronologie s'impose, dont les batailles, à commencer par celles de la campagne d'Italie, fourniront les repères. Une autre aventure voit le jour.

Michelet a parfaitement saisi, parce que c'est ainsi qu'il revivait lui-même la Révolution, l'importance de ces événements dans l'événement global, la valeur du temps très court d'un instant, où tout se révèle et parfois s'abîme. Double signification de la journée révolutionnaire : elle est sanction et aboutissement — la nuit du 4-Août où un monde s'abolit, un autre trouve naissance ; la fête de la Fédération, où la France prend conscience de son unité —, mais elle a sa propre dynamique, dans un jeu où rien n'est acquis : tout peut basculer, dans un sens ou dans l'autre. Journées manquées — le 20 juin 1792 quand le roi oppose à l'assaut populaire une héroïque passivité —, journées qui eussent pu tourner autrement — le « suspense » haletant du 9-Thermidor —, journées triomphales qui s'achèvent en déroute, ainsi la débandade qui clôt chez Michelet la célébration de l'Être suprême.

Tant et si bien que toute une typologie, très subjective, s'esquisse à partir de ces tableaux enchaînés.

Ce qui fascine le plus Michelet, parce qu'il y rencontre le peuple sous les traits de la foule, ce sont les grandes journées de la rue : le 14 juillet, les journées d'octobre, le 20 juin puis le 10 août 1792, mais aussi le 31 mai 1793 quand il évoque le « noir torrent » qui roule par la rue Saint-Antoine. C'est là qu'on le sent le plus directement entraîné, participant enthousiaste et effrayé alternativement, soucieux de prendre sur le fait, à l'état naissant, ce qui fait mouvoir les masses, un mélange d'enthousiasme, de cruauté et de générosité. Mais à côté du bruit et de la fureur, il sait aussi composer théâtralement une scène d'intérieur, choisissant un cadre pour en faire le lieu où va se révéler l'Histoire, se dire la vérité ou la mort. Et ce sont « journées », à leur manière, que le serment du Jeu de paume, le procès du roi à la Convention, les affrontements en vase clos du 2 juin ou du 9-Thermidor. Événements préparés, ou attendus, la bataille ou la fête sont retenues par lui pour le symbole qu'elles constituent : Valmy, qui impose la Révolution française à l'Europe monarchique, Jemmapes où il voit « une heure dans la vie du Monde ». Dans cette perspective, la fête offre un double visage. Comme les contemporains, dont il a lu les Mémoires, il évoque avec une emphase particulière les deux grandes célébrations qui ont sans doute marqué le plus profondément la mémoire collective : au 14 juillet 1790, la fête de la Fédération, fête unanimiste, grande communion de tous les Français autour de l'autel de la Patrie ; au 20 prairial an II, la fête de l'Être suprême, à la fois l'une des plus belles par sa plénitude et comme viciée de l'intérieur, celle où tourne le destin d'un homme, Robespierre, et celui de la Révolution. Sur un mode mineur, et grimaçant, Michelet sait aussi avec le génie du Don Juan de Mozart, introduire la mort au cœur même de la fête, ainsi lorsqu'il évoque l'apothéose de Marat, acquitté par le Tribunal révolutionnaire.

L'autre visage de la fête, c'est bien l'anti-fête, celle de la mort. C'est peu de dire que Michelet ne l'a pas ignorée, il la contemple, hypnotisé. Lors des massacres de Septembre en 1792, il suit pas à pas ce « tourbillon magnétique », qui va emporter ces pères de famille, ces honnêtes artisans pour la plupart, dans la griserie du sang versé, dans l'escalade du meurtre. Mais l'autre fête, plus encore que le massacre collectif, s'organise autour de l'exécution publique, celle du roi, bien sûr, mais plus encore peut-être celle de Charlotte Corday, chargée de toute l'emphase que place Michelet sur le sacrifice (au sens antique du mot) d'une femme belle et troublante. Tel spectacle se fait ensuite obsédant : l'exécution des girondins, le 30 octobre 1793, la mort de Madame Roland, puis celle des Indulgents, enfin le 10-Thermidor qui prend les dimensions — on l'a dit — d'une passion et mort de Robespierre.

Fête ou drame, plus souvent drame que fête, la journée révolutionnaire est ainsi chez Michelet le lieu d'une intense théâtralisation. Il en évoque le cadre avec une minutieuse précision. S'il n'ignore pas, nous l'avons dit, la scène d'intérieur, il sait passer du théâtre des grandes actions collectives — la salle du Jeu de paume, l'enceinte de l'Assemblée à Versailles comme à Paris, du Manège aux appartements des Tuileries, avec le sens du lieu scénique — à un cadre intimiste, lorsqu'il nous fait franchir avec Charlotte Corday le seuil de la maison de Marat, gravir les escaliers, jusqu'à l'appartement où va se perpétrer le meurtre. Mais la rue l'attire. Anticipant sur les historiens actuels qui reconstituent les itinéraires de la fête, il guide nos pas avec précision dans les rues du Paris révolutionnaire : de la rue Saint-Antoine par la Grève jusqu'à la rue Saint-Honoré, au 31 mai 1793, mais il se passe chemin faisant, au Palais-Royal, une péripétie, la rencontre de deux groupes qui modifie tout le déroulement du cortège. Attentif aux lieux — Paris l'emporte de façon écrasante, mais l'auteur n'est pas moins précis lorsque s'affrontent, à Nancy, les Suisses patriotes et les troupes de M. de Bouillé — Michelet ne l'est pas moins à tout un ensemble de notations sensitives dans lesquelles il nous enferme, comme pour nous rendre directement participants à l'action. Le jour et l'heure lui importent beaucoup, à commencer par la saison : l'apothéose de l'acquittement de Marat ? « C'était une fête d'avril », avec tout le piquant un peu aigre de la demi-saison. La mort de Charlotte Corday dans la splendeur brutale de l'été ? « La nature sembla s'associer à la passion humaine, un violent orage éclata sur Paris. » Puis lorsque les girondins vont au supplice, le 30 octobre « se leva pâle et pluvieux », cependant que Madame Roland mourra par « un jour froid de novembre ». Univers des sensations, à la fois ténues et signifiantes. Michelet multiplie les notations de couleurs. Il tire argument, au 20 prairial an II, des nuances de bleu du costume de Robespierre, en contrepoint de l'uniforme des membres de la Convention qui participent au cortège de l'Être suprême. Il déteste le jaune, c'est la couleur de Marat, qu'il associe à des notations visqueuses, répulsives, reptiliennes. Et Robespierre, à son tour, blêmit et jaunit au soir du

20 prairial. Univers des notations colorées, univers des odeurs : nous sommes offusqués par celle du sang, dans l'évocation des massacres de Septembre, ou au pied de l'échafaud ; nous nous laissons enivrer par les fleurs, dont Michelet raffole, couronnes et bouquets qui ornent bizarrement l'apothéose de Marat, reposoirs de fête-Dieu de la fête de l'Être suprême.

Pris dans cette multiplicité de notations précises qui reconstituent comme l'image même d'un instant, nous pouvons suivre la naissance de l'état de foule, les étapes de la coalescence populaire, à partir de toute une masse de notations concrètes. Le peuple, héros collectif, n'y est jamais un acteur abstrait : des petits aux grands — de la femme du peuple qui dialogue avec la reine dans l'embrasure d'une pièce aux Tuileries le 20 juin 1792, au combat des chefs, à la tribune du 9-Thermidor, toute une gradation s'esquisse, des anonymes aux semi-anonymes, cadres des faubourgs et des clubs que Michelet désigne comme s'il les avait fréquentés. Ces « meneurs », Michelet leur fait un sort, en faisant les héros emblématiques de la destinée révolutionnaire : l'huissier Maillard qui harangue les femmes de la Halle au 5 octobre, comme il siégera à la tête des tribunaux populaires en septembre 1792, Thuriot, présent à la prise de la Bastille, comme il se retrouvera au 9-Thermidor, agitant la sonnette qui couvre la voix de l'Incorruptible. Par le truchement de ces intermédiaires s'articule la dialectique qui associe, au cœur des journées, masses et individus. Les héros sont présents — tels qu'on les attend —, à la fois acteurs directs, et pris dans une aventure qui les dépasse, mus par quelque fatalité. La journée révolutionnaire s'organise ainsi comme un drame, avec ses rebondissements, ses surprises certes, le plus souvent tragiques, parfois dérisoires : voyez dans le récit de la fuite à Varennes, cette sorte de vaudeville, qui évoque certaines des caricatures anglaises du temps. Aux passions individuelles, petites et grandes, se mêlent les pulsions collectives — l'enthousiasme, l'espérance, la peur, la cruauté. Rencontres complexes où l'univers des fantasmes de Michelet se fond avec l'imaginaire collectif qu'il tente de recréer. Les jeux troubles d'Eros et de Thanatos contribuent à faire de Charlotte Corday un objet à la fois héroïque... et sexuel, la femme forte et offerte tout à la fois, de même que sur le cortège de la mort et passion de l'Incorruptible au 10-Thermidor se greffe l'image des balcons où se montrent ces femmes à la gorge offerte « chargée de fleurs ».

Images fortes. Sont-elles vraies ? On ne peut, au sortir de ces descriptions plus vraies que nature, esquiver la question, avant de refermer l'ouvrage. Hypnotisé par le spectacle de la Révolution, qu'il vit intensément au point de s'y fondre, Michelet nous fascine lui-même, communiquant aux journées qu'il évoque l'apparence de la vie. Mais c'est lui aussi que nous découvrons, avec ses rêves, ses inimitiés, ses fantasmes. Il a ses engouements, ses faiblesses, ses haines : la répulsion viscérale que lui inspire Marat en est une illustration exemplaire. Introducteur privilégié, par le pouvoir du verbe, comme par cette faculté de recréation de la vie, qui a été son but, il est tout sauf objectif. Devons-nous pour cela frapper de suspicion légitime les tableaux, trop beaux pour être vrais, auxquels il a insufflé la vie ? Ce serait mépriser injustement ce que cette approche intuitive, mais aussi à beaucoup d'égards bien informée, peut nous apporter. En contact avec les témoins directs du drame, dont il a recueilli les souvenirs, si proche lui-même de la mentalité révolutionnaire, qu'il revit en 1848, dans le cours même de la rédaction de son œuvre, Michelet reste non seulement un informateur précieux, mais aussi un des pères fondateurs dans le domaine de ce que nous appelons aujourd'hui l'histoire des mentalités. Certes, nous ne l'écrivons plus comme lui — en serions-nous capables ? — plus austère, plus « scientifique », s'appuyant sur l'analyse du discours comme sur les grandes séries documentaires, elle nous permet sans doute d'aller au-delà de la perception intuitive, si inspirée soit-elle. Michelet historien n'en est pas relégué pour cela au rang des gloires littéraires du passé. L'historiographie actuelle redécouvre aujourd'hui l'événement, non pas l'événement à l'ancienne de l'histoire-batailles d'autrefois, mais l'importance du temps court, voire très court, dans l'histoire des mentalités et des prises de conscience. Dans une telle perspective, Michelet demeure un grand devancier, d'une étonnante modernité.

MICHEL VOVELLE.

« La vision d'où est sorti ce livre[1] »

Introduction

Introduction, III

Comme Hugo dans La Légende des siècles, *Michelet justifie son œuvre et en explique la conception par une vision.*

Si vous avez voyagé quelquefois dans les montagnes, vous aurez peut-être vu ce qu'une fois je rencontrai.

Parmi un entassement confus de roches amoncelées, au milieu d'un monde varié d'arbres et de verdure, se dressait un pic immense. Ce solitaire, noir et chauve, était trop visiblement le fils des profondes entrailles du globe. Nulle verdure ne l'égayait, nulle saison ne le changeait ; l'oiseau s'y posait à peine, comme si, en touchant la masse échappée du feu central, il eût craint de brûler ses ailes. Ce sombre témoin des tortures du monde intérieur semblait y rêver encore, sans faire la moindre attention à ce qui l'environnait, sans se laisser jamais distraire de sa mélancolie sauvage...

Quelles furent donc les révolutions souterraines de la terre, quelles incalculables forces se combattirent dans son sein, pour que cette masse, soulevant les

1. Titre d'un poème qu'Hugo mettra en prologue à la Deuxième Série de *La Légende des siècles*.

Les noms suivis d'un astérisque (*) renvoient à l'« Index des principaux personnages », p. 205.

monts, perçant les rocs, fendant les bancs de marbre, jaillît jusqu'à la surface !... Quelles convulsions, quelles tortures, arrachèrent du fond du globe ce prodigieux soupir !

Je m'assis, et, de mes yeux obscurcis, des larmes, lentes, pénibles, commencèrent à s'exprimer une à une... La nature m'avait trop rappelé l'Histoire. Ce chaos de monts entassés m'opprimait du même poids qui, pendant tout le Moyen Age, pesa sur le cœur de l'homme, et dans ce pic désolé, que du fond de ses entrailles la terre lançait contre le ciel, je retrouvais le désespoir et le cri du genre humain.

Que la Justice ait porté mille ans sur le cœur cette montagne du dogme, qu'elle ait, dans cet écrasement, compté les heures, les jours, les années, les longues années..., c'est là, pour celui qui sait, une source d'éternelles larmes. Celui qui, par l'Histoire, partagea ce long supplice, n'en reviendra jamais bien ; quoi qu'il arrive, il sera triste ; le soleil, la joie du monde, ne lui donnera plus de la joie ; il a trop longtemps vécu dans le deuil et les ténèbres.

Ce qui m'a percé le cœur, c'est cette longue résignation, cette douceur, cette patience, c'est l'effort que l'humanité fit pour aimer ce monde de haine et de malédiction sous lequel on l'accablait.

Quand l'homme qui s'était démis de la Liberté, défait de la Justice, comme d'un meuble inutile, pour se confier aveuglément aux mains de la Grâce, la vit se concentrer sur un point imperceptible, les privilégiés, les élus, et tout le reste perdu sur la terre et sous la terre, perdu pour l'éternité, vous croiriez qu'il s'éleva de partout un hurlement de blasphème ! — Non, il n'y eut qu'un gémissement...

Et ces touchantes paroles : « S'il vous plaît que je sois damné, que votre volonté soit faite, ô Seigneur ! »

Et ils s'enveloppèrent, paisibles, soumis, résignés du linceul de la damnation.

Mais la damnation de l'enfant est la pierre d'achoppement du système de la Grâce.

Là fut l'insoluble nœud où s'arrêta l'âme humaine, où branla la patience...

L'enfant damné ! J'ai indiqué ailleurs cette plaie profonde, effroyable, du cœur maternel... Je l'ai indiquée, et puis j'ai remis le voile... Celui qui la sonderait y trouverait beaucoup plus que les affres de la mort.

C'est de là, croyez-le bien, que partit le premier soupir... De protestation ? Nullement... Et pourtant, à l'insu même du cœur d'où il s'échappa, il y avait un *Mais* terrible dans cet humble, dans ce bas, dans ce douloureux soupir.

Si bas, mais si déchirant !... L'homme qui l'entendit dans la nuit ne dormit plus cctte nuit... ni bien d'autres... Et le matin, avant le jour, il allait sur son sillon ; et alors il trouvait là bien des choses changées. Il trouvait la vallée et la plaine de labour plus basses, beaucoup plus basses, profondes comme un sépulcre ; et plus hautes, plus sombres, plus lourdes, les deux tours à l'horizon, sombre le clocher de l'église, sombre le donjon féodal... Et il commençait aussi à comprendre la voix des deux cloches. L'église sonnait : *Toujours.* Le donjon sonnait : *Jamais*... Mais en même temps, une voix plus forte parla plus haut dans son cœur... Cette voix disait : *Un jour !*... Et c'était la voix de Dieu !

Un jour reviendra la justice ! Laisse là ces vaines cloches, qu'elles jasent avec le vent... Nc t'alarmc pas de ton doute. Ce doute, c'est déjà de la foi. Crois, espère ; le Droit ajourné aura son avènement, il viendra siéger, juger, dans le dogme et dans le monde... Et *ce jour* du Jugement s'appellera la Révolution.

La Justice et la Grâce

Dans l'« Introduction » de l'*Histoire de la Révolution* Michelet affirme l'incompatibilité radicale du christianisme et de la Révolution. Ils incarnent deux principes opposés, la Justice et la Grâce. La Grâce, notion théologique, définit selon Michelet toute l'époque médiévale. La Grâce désigne d'abord l'arbitraire divin qui, dans la doctrine chrétienne, choisit ses élus, sauvant ou damnant *qui lui plaît*, indépendamment du mérite de chacun. Elle va de pair avec l'hérédité du péché qui fait à l'avance de tout être, même de l'enfant qui naît, un coupable. Dans la société, l'arbitraire royal, l'hérédité des privilèges et la fatalité de la pauvreté reflètent cet ordre religieux. La Justice, elle, repose au contraire sur le droit, la loi, la liberté. Dans son « Introduction », Michelet nous incite à lire, derrière les événements de la Révolution, le combat titanesque de ces deux idées qui représentent deux types d'organisations sociales.

« La Révolution n'est autre chose que la réaction tardive de la Justice contre le gouvernement de la faveur et la religion de la Grâce » [*Introduction*, II].

Chronologie sommaire des événements évoqués dans la première partie

4 mai 1789 :
Procession des États Généraux.

5 mai :
Ouverture des États Généraux.

6 mai :
Le Tiers État prend le nom de « Communes ».

17 juin :
Les Communes s'intitulent « Assemblée nationale ».

20 juin :
Serment du Jeu de Paume.

14 juillet :
Prise de la Bastille.

Fin juillet :
Début de la Grande Peur.

4 août :
Abandon des privilèges du clergé et de la noblesse.

5 octobre :
Marche des femmes de Paris, puis des gardes nationaux commandés par La Fayette, sur Versailles.

6 octobre :
Le roi est ramené à Paris.

1

L'effondrement de l'Ancien Régime (mai-octobre 1789)

Livres I et II

L'ouverture des États Généraux

Livre I, chapitre II

*Le premier chapitre de l'*Histoire de la Révolution *est consacré aux élections des États Généraux. Pourquoi Michelet n'a-t-il pas commencé son récit quelques années avant, à cette phase préliminaire que certains historiens actuels appellent la Prérévolution ? En effet, de l'été 1786 à l'été 1788, une crise politique se noue autour du déficit et des réformes fiscales, et entraîne la convocation des États Généraux. Mais Michelet ne saurait accorder à cette période de révolte aristocratique et de fronde parlementaire un rôle déterminant : dans son histoire, l'impulsion révolutionnaire est avant tout populaire. En ouvrant l'*Histoire de la Révolution *avec les élections d'avril 1789, il fait coïncider la naissance de la Révolution et la révélation du Peuple dans son premier acte politique.*

Avec la procession des États Généraux, le rideau

se lève sur un spectacle ambigu. Si le protocole est monarchique, son destinataire n'est pas le roi, mais le regard du peuple venu de Paris.

La veille de l'ouverture des États Généraux, on dit solennellement à Versailles la messe du Saint-Esprit. C'était bien ce jour, ou jamais, qu'on pouvait chanter l'hymne prophétique : « Tu vas créer des peuples, et la face de la terre en sera renouvelée. »

Ce grand jour fut le 4 mai. Les douze cents députés, le Roi, la Reine, toute la Cour, entendirent, à l'église de Notre-Dame, le *Veni Creator*. Puis, l'immense procession, traversant toute la ville, se rendit à Saint-Louis. Les larges rues de Versailles, bordées de gardes françaises et de gardes suisses, tendues des tapisseries de la Couronne, ne pouvaient contenir la foule.

Tout Paris était venu. Les fenêtres, les toits même, étaient chargés de monde. Les balcons étaient ornés d'étoffes précieuses, parés de femmes brillantes, dans la toilette coquette et bizarre qu'on portait alors, mêlée de plumes et de fleurs. Tout ce monde était ému, attendri, plein de trouble et d'espérance.

Une grande chose commençait ; quel en serait le progrès, l'issue, les résultats, qui pouvait le dire ?... L'éclat d'un tel spectacle, si varié, si majestueux, la musique qui se faisait entendre de distance en distance, faisaient taire toute autre pensée.

Beau jour, dernier jour de paix, premier d'immense avenir !...

[...]

Composition des États Généraux

Ils comptent 1 154 députés, répartis en trois ordres :
— *le Clergé* a 291 représentants, parmi lesquels des prélats partisans des réformes, l'abbé Grégoire, Talleyrand, et d'autres, partisans de l'Ancien Régime comme l'abbé Maury et l'abbé de Montesquiou ;
— *la Noblesse* a 285 représentants, certains acquis

aux idées libérales, comme La Fayette, le vicomte de Noailles, le duc d'Aiguillon, mais pour la majorité attachés au maintien de leurs privilèges ;
— *le Tiers État* a 578 représentants, parmi lesquels Mounier, Barnave, Mirabeau, Robespierre, Sieyès, Volney, Bailly.

En tête de la procession, apparaissait d'abord une masse d'hommes, vêtus de noir, le fort et profond bataillon des cinq cent cinquante élus du Tiers ; sur ce nombre, plus de trois cents légistes, avocats ou magistrats, représentaient avec force l'avènement de la loi. Modestes d'habits, fermes de marche et de regards, ils allaient encore, sans distinction de partis, tout heureux de ce grand jour qu'ils avaient fait et qui était leur victoire.

La brillante petite troupe des députés de la Noblesse venait ensuite avec ses chapeaux à plumes, ses dentelles, ses parements d'or. Les applaudissements qui avaient accueilli le Tiers cessèrent tout à coup. Sur ces nobles, cependant, quarante environ semblaient de chauds amis du peuple, autant que les hommes du Tiers.

Même silence pour le Clergé. Dans cet ordre, on voyait très distinctement deux ordres : une Noblesse, un Tiers État ; une trentaine de prélats en rochets et robes violettes ; à part et séparés d'eux par un chœur de musiciens, l'humble troupe des deux cents curés dans leurs noires robes de prêtres.

A regarder cette masse imposante de douze cents hommes animés de grande passion, une chose put frapper l'observateur attentif. Ils offraient très peu d'individualités fortes, beaucoup d'hommes honorables sans doute et d'un talent estimé, aucun de ceux qui, par l'autorité réunie du génie et du caractère, ont le droit d'entraîner la foule, nul grand inventeur, nul héros.

Les puissants novateurs qui avaient ouvert les voies

à ce siècle n'existaient plus alors. Il restait leur pensée pour mener les nations. De grands orateurs surgirent pour l'exprimer, l'appliquer, mais ils n'y ajoutèrent pas. La gloire de la Révolution dans ces premiers moments, mais son péril aussi, ce qui pouvait la rendre moins certaine dans sa marche, c'était de se passer d'hommes, d'aller seule, par l'élan des idées, sur la foi de la raison pure, sans idole, et sans faux Dieu.

Le corps de la Noblesse, qui se présentait comme dépositaire et gardien de notre gloire militaire, n'offrait aucun général célèbre. « C'étaient d'illustres obscurs que tous les grands seigneurs de France. » Un seul peut-être excitait l'intérêt, celui qui, malgré la Cour, avait le premier pris part à la guerre d'Amérique, le jeune et blond La Fayette. Personne ne soupçonnait le rôle exagéré qu'allait lui donner la fortune.

Le Tiers, dans sa masse obscure, portait déjà la Convention. Mais qui aurait su la voir ? qui distinguait, dans cette foule d'avocats, la taille raide, la pâle figure de tel avocat d'Arras[1] ?

Deux choses étaient remarquées, l'absence de Sieyès*[2], la présence de Mirabeau*[3].

Une vision millénariste de l'Histoire ?

Alliance de croyances religieuses et de revendications sociales, les idées millénaristes, déjà présentes dans l'islam et le judaïsme anciens, se sont particulièrement développées à l'époque médiévale, inspirant de nombreuses hérésies (anabaptistes, taborites, fraticelles...). Les millénaristes attendaient l'avènement d'une ère de bonheur, de paix et d'égalité que certains voulaient provoquer par une révolution sociale. Au XIIIe siècle,

1. Robespierre, avocat à Arras, fut élu député du Tiers en 1789.
2. Les élections de Paris n'ont commencé que le 23 avril. Sieyès fut élu le dernier des vingt députés de Paris et ne put siéger aux premières séances des États Généraux. Pour les noms propres suivis d'un astérisque, se reporter à l'index, p. 205.
3. Mirabeau était un « transfuge » de l'ordre de la noblesse.

Joachim de Flore a été le théoricien de ces conceptions. Il distingue trois âges dans l'humanité : l'âge du Père, correspondant à l'Ancien Testament, l'âge du Fils (Nouveau Testament) et le troisième âge ou *millenium*, l'âge de l'Esprit, dont il prédisait la venue prochaine. Au XIXe siècle, on assiste à un renouveau de ces idées en particulier chez les socialistes utopiques (Fourier, Saint-Simon), mais aussi plus largement dans la représentation de l'Histoire : le siècle se vit en effet comme une ère nouvelle ouverte par la Révolution. Chez Michelet, la Révolution inaugure bien ce troisième âge de l'Esprit : la veille de l'ouverture des États Généraux, on célèbre la messe du Saint-Esprit. Toutes les victoires de la Révolution seront des victoires du Verbe. Dans toutes les journées révolutionnaires, chants, cris, paroles, proclamations — autant d'émanations du souffle spirituel — auront le rôle déterminant.

Le serment du Jeu de Paume

Livre I, chapitres III et IV

L'ancienne division de la société en trois ordres, exhibée une dernière fois au cours de la procession des États Généraux, n'est plus compatible avec le sentiment nouveau de la nation. Le Tiers État, refusant le cloisonnement des ordres, s'est proclamé, le 17 juin, Assemblée nationale. La majorité du Clergé décide de s'y joindre, tandis que la Noblesse fait pression sur le roi pour qu'il enraie l'émancipation du Tiers.

CHAPITRE III

Le Roi flottant encore, mais déjà presque vaincu, se contenta d'ordonner, pour empêcher le Clergé de se réunir au Tiers, que la salle serait fermée le lendemain samedi (20 juin) ; le prétexte était les préparatifs nécessaires pour une séance royale qui se tiendrait le lundi.

Tout cela arrêté dans la nuit, affiché dans Versailles à six heures du matin. Le président de l'Assemblée nationale apprend par hasard qu'elle ne peut se réunir. Il était plus de sept heures, lorsqu'il reçoit une lettre, non du Roi (comme il était naturel, le Roi écrivait bien de sa main au président du Parlement), mais simplement un avis du jeune Brézé, maître des cérémonies. Ce n'était pas au président, à M. Bailly* en son logis, qu'un tel avis devait être donné, mais à l'Assemblée elle-même. Bailly n'avait pas pouvoir pour agir à sa place. A l'heure indiquée la veille pour la séance, à huit heures, il se rend à la porte de la salle avec beaucoup de députés. Arrêté par la sentinelle, il proteste contre l'empêchement, déclare la séance tenante. Plusieurs jeunes députés firent mine de forcer la porte ; l'officier fit prendre les armes, annonçant ainsi que sa consigne ne faisait nulle réserve pour l'inviolabilité.

Voilà donc nos nouveaux rois, mis et tenus à la porte, comme des écoliers indociles. Les voilà errants à la pluie parmi le peuple, sur l'avenue de Paris. Tous s'accordent sur la nécessité de tenir séance, et de s'assembler. Les uns disent : « A la place d'armes ! » — D'autres : « A Marly ! » — Tel : « A Paris ! » Ce parti était extrême, il mettait le feu aux poudres...

Le député Guillotin* ouvrit l'avis moins hasardé de se rendre au Vieux-Versailles et de s'établir au Jeu de Paume... Triste lieu, laid, démeublé, pauvre... Et il n'en valait que mieux. L'assemblée y fut pauvre, et représenta ce jour-là d'autant plus le peuple. Elle resta debout tout le jour, ayant à peine un banc de bois... Ce fut comme la crèche pour la nouvelle religion, son étable de Bethléem.

CHAPITRE IV

Les voilà dans le Jeu de Paume, assemblés malgré le Roi... Mais que vont-ils faire ?

N'oublions pas qu'à cette époque, l'Assemblée tout entière est royaliste, sans excepter un seul membre.

N'oublions pas qu'au 17, quand elle se donna le titre d'Assemblée nationale, elle cria : « Vive le Roi ! » Et quand elle s'attribua le droit de voter l'impôt déclarant illégal l'impôt perçu jusqu'alors, les opposants étaient sortis plutôt que de consacrer par leur présence cette atteinte à l'autorité royale.

Le Roi, cette vieille ombre, cette superstition antique, si puissante dans la salle des États Généraux, elle pâlit au Jeu de Paume. La misérable enceinte, toute moderne, nue, démeublée, n'a pas un seul recoin où les songes du passé puissent s'abriter encore. Règnent donc ici l'esprit pur, la raison, la justice, ce roi de l'avenir !

Ce jour, il n'y eut plus d'opposant ; l'Assemblée fut une, de pensée et de cœur. Ce fut un des modérés, Mounier* de Grenoble, qui proposa à l'Assemblée la déclaration célèbre : Qu'en quelque lieu qu'elle fût forcée de se réunir, là était toujours l'Assemblée nationale, *que rien ne pouvait l'empêcher* de continuer ses délibérations ; que, jusqu'à l'achèvement et l'affermissement de la constitution, elle faisait *le serment de ne se séparer jamais.*

Bailly* jura le premier, et prononça le serment si distinctement, si haut, que toute la foule du peuple qui se pressait au-dehors, put entendre, et applaudit, dans l'ivresse de l'enthousiasme... Des cris de « Vive le Roi » s'élevèrent de l'Assemblée et du peuple... C'était le cri de la vieille France, dans les vives émotions, et il se mêla encore au serment de la résistance.

Le 23 juin a lieu une séance royale, riposte tardive, au cours de laquelle Louis XVI espère enlever à la jeune Assemblée l'autorité et les pouvoirs qu'elle vient de se donner.

Le misérable petit esprit d'insolence qui menait la Cour, avait fait imaginer de faire entrer les deux ordres supérieurs par-devant, par la grande porte, les Communes[1] par-derrière, et les tenir sous un hangar, moitié à la pluie.

Le Tiers, ainsi humilié, sali et mouillé, serait entré tête basse, pour recevoir sa leçon.

Personne pour introduire, porte fermée, la garde au-dedans. — Mirabeau* au président : « Monsieur, conduisez la nation au-devant du Roi ! » Le président frappe à la porte ; les gardes du corps du dedans : « Tout à l'heure. » Le président : « Messieurs, où donc est le maître des cérémonies ? » Les gardes du corps : « Nous n'en savons rien. » Les députés : « Eh bien, partons, allons-nous-en ! » Enfin, le président parvient à faire venir le capitaine des gardes, qui s'en va chercher Brézé.

Les députés, entrant à la file, trouvent dans la salle le Clergé et la Noblesse qui, déjà en place et siégeant, semblent les attendre, comme juges... Du reste, la salle est vide. Rien de plus triste que cette salle immense, d'où le peuple est exilé.

Le Roi lut avec sa simplicité ordinaire la harangue qu'on lui avait composée, ces paroles despotiques si étranges dans sa bouche. Il en sentait peu la violence provocante, car il se montra surpris de l'aspect que présentait l'Assemblée. Les nobles ayant applaudi l'article qui consacrait les droits féodaux, des voix hautes et claires dirent : « Paix là ! »

Le Roi, après un moment de silence et d'étonnement, finit par un mot grave, intolérable, qui jetait le gant à l'Assemblée, commençait la guerre : « Si vous m'abandonnez dans une si belle entreprise, seul, je ferai le bien de mes peuples, *seul, je me considérerai comme leur véritable représentant.* »

Et enfin : « *Je vous ordonne, Messieurs, de vous séparer tout de suite*, et de vous rendre demain matin

1. Avant de se déclarer Assemblée nationale, le Tiers avait d'abord pris le nom de « Communes » (le 6 mai 1789).

dans les chambres affectées à votre ordre, pour y reprendre vos séances. »

Le Roi sortit, la Noblesse et le Clergé suivirent. Les Communes demeurèrent assises, tranquilles, en silence.

Le maître des cérémonies entre alors et, d'une voix basse, dit au président : « Monsieur, vous avez entendu l'ordre du Roi ? » — Il répondit : « L'Assemblée s'est ajournée après la séance royale ; je ne puis la séparer sans qu'elle en ait délibéré. » — Puis se tournant vers ses collègues voisins de lui : « Il me semble que la nation assemblée ne peut pas recevoir d'ordre. »

Ce mot fut repris admirablement par Mirabeau*, il l'adressa au maître des cérémonies ; de sa voix forte, imposante, et dans une majesté terrible, il lui lança ces paroles : « Nous avons entendu les intentions qu'on a suggérées au Roi, et vous, Monsieur, qui ne sauriez être son organe auprès de l'Assemblée nationale, vous qui n'avez ici ni place, ni voix, ni droit de parler, vous n'êtes pas fait pour nous rappeler son discours... Allez dire à ceux qui vous envoient que nous sommes ici par la volonté du peuple, et qu'on ne nous en arrachera que par la puissance des baïonnettes. »

Brézé fut déconcerté, atterré ; il sentit la royauté nouvelle, et rendant à celle-ci ce que l'étiquette ordonnait pour l'autre, il sortit à reculons comme on faisait devant le roi.

Le serment, acte et emblème de la Révolution

Le serment est, selon l'expression de Michel Vovelle, « une des pratiques fondamentales de la période révolutionnaire ». En effet, à partir de 1789, le serment devient l'acte civique majeur par lequel l'individu s'engage envers la Nation : serments sur l'autel de la Patrie pour la Fête de la Fédération, serment obligatoire des ecclésiastiques, serment civique exigé des électeurs et des serviteurs de l'État. Le serment rappelle les actes héroïques de l'Antiquité : les tableaux de David *(Le Serment des Horaces, Le Serment du Jeu de Paume)* illustrent ce désir de fonder le civisme moderne sur le modèle antique. Mais le serment s'intègre aussi à une conception de la société influencée par *Le Contrat social.* Selon Jean Starobinski, il « marque le lien indissoluble que les hommes contractent entre eux et dont ils feront le point de départ d'une nouvelle alliance », « il engage un avenir et lie des énergies qui sans lui se disperseraient ». Toujours selon Jean Starobinski, le *serment* révolutionnaire s'oppose symboliquement au *sacre* royal, chacun fondant un type différent de souveraineté.

La prise de la Bastille
14 juillet 1789

Livre I, chapitre VII

Le 13 juillet, Paris ne songeait qu'à se défendre. Le 14, il attaqua.

Le 13 au soir, il y avait encore des doutes, et il n'y en eut plus le matin. Le soir était plein de trouble, de fureur désordonnée. Le matin fut lumineux et d'une sérénité terrible.

Une idée se leva sur Paris avec le jour, et tous virent la même lumière. Une lumière dans les esprits et dans chaque cœur une voix : « Va, et tu prendras la Bastille ! »

Cela était impossible, insensé, étrange à dire... Et tous le crurent néanmoins. Et cela se fit.

Après avoir suivi le Peuple en quête d'armes des Invalides à la Bastille et montré son irritation grandissante devant le refus du gouvernement d'ouvrir la forteresse, Michelet nous transporte à l'Hôtel de Ville, siège de l'autorité révolutionnaire provisoire. Nous n'assistons donc pas à la prise de la Bastille, nous l'entendons seulement, comme si Michelet voulait suggérer que le retentissement de l'événement dépasse l'événement lui-même. Cette « prison de la pensée », nouvelle Jéricho, semble s'écrouler sous les clameurs : c'est là encore une victoire de l'esprit.

Il était cinq heures et demie. Un cri monte de la Grève. Un grand bruit, d'abord lointain, éclate, avance, se rapproche, avec la rapidité, le fracas de la tempête... La Bastille est prise !

Dans cette salle déjà pleine, il entre d'un coup mille hommes, et dix mille poussaient derrière. Les boiseries craquent, les bancs se renversent, la barrière est poussée sur le bureau, le bureau sur le président.

Tous armés, de façons bizarres, les uns presque nus, d'autres vêtus de toutes couleurs. Un homme était porté sur les épaules et couronné de lauriers, c'était Élie[1], toutes les dépouilles et les prisonniers autour. En tête, parmi ce fracas où l'on n'aurait pas entendu la foudre, marchait un jeune homme recueilli et plein de religion ; il portait suspendue et percée dans sa baïonnette une chose impie, trois fois maudite, le règlement de la Bastille.

Les clefs aussi étaient portées, ces clefs monstrueuses, ignobles, grossières, usées par les siècles et par les douleurs des hommes. Le hasard ou la Providence voulut qu'elles fussent remises à un homme qui ne les connaissait que trop, à un ancien prisonnier. L'Assemblée nationale les plaça dans ses archives, la vieille machine des tyrans à côté des lois qui ont brisé les tyrans. Nous les tenons encore aujourd'hui, ces clefs, dans l'armoire de fer des archives de la France... Ah ! puissent, dans l'armoire de fer, venir s'enfermer les clefs de toutes les bastilles du monde !

1. Vieux sous-officier qui a pris la tête des gardes françaises dans l'assaut final.

Les forces en présence

La Bastille : une forteresse de 30 mètres de haut, entourée de fossés larges de 25 mètres, remplis d'eau.
Sa garnison : 80 invalides sont encadrés par 30 Suisses placés sous les ordres du gouverneur De Launay.
Les assaillants : les artisans du faubourg Saint-Antoine, deux détachements de gardes françaises, des bourgeois de la milice. Ils sont équipés des 32 000 fusils pris aux Invalides le matin même ainsi que de 5 canons.
Ils délivrèrent *7 prisonniers* :
— Tavernier, complice de Damiens, incarcéré depuis 1759 ;
— le comte de Whyte de Malleville, un fou, celui que Michelet appelle « le major de l'Immensité » ;
— le comte de Solages, détenu pour « crimes odieux » ;
— 4 escrocs accusés de fabrication de fausses lettres de change.

La Bastille ne fut pas prise, il faut le dire, elle se livra. Sa mauvaise conscience la troubla, la rendit folle et lui fit perdre l'esprit.

Les uns voulaient qu'on se rendît, les autres tiraient, surtout les Suisses qui, cinq heures durant, sans péril, n'ayant nulle chance d'être atteints, désignèrent, visèrent à leur aise, abattirent qui ils voulaient. Ils tuèrent quatre-vingt-trois hommes, en blessèrent quatre-vingt-huit. Vingt des morts étaient de pauvres pères de famille qui laissaient des femmes, des enfants pour mourir de faim.

La honte de cette guerre sans danger, l'horreur de verser le sang français, qui ne touchaient guère les Suisses, finirent par faire tomber les armes des mains des invalides. Les sous-officiers, à quatre heures, prièrent, supplièrent De Launay[1] de finir ces assassinats. Il savait ce qu'il méritait ; mourir pour mourir, il eut envie un moment de se faire sauter, idée horriblement féroce : il aurait détruit un tiers de Paris. Ses cent

1. Gouverneur de la Bastille. Selon Michelet, il aurait été particulièrement inhumain avec ses prisonniers.

trente-cinq barils de poudre auraient soulevé la Bastille dans les airs, écrasé, enseveli tout le faubourg, tout le Marais, tout le quartier de l'Arsenal... Il prit la mèche d'un canon. Deux sous-officiers empêchèrent le crime, ils croisèrent la baïonnette, et lui fermèrent l'accès des poudres. Il fit mine alors de se tuer, et prit un couteau qu'on lui arracha.

Il avait perdu la tête, et ne pouvait donner d'ordre. Quand les gardes françaises eurent mis leurs canons en batterie, et tiré (selon quelques-uns), le capitaine des Suisses vit bien qu'il fallait traiter ; il écrivit, il passa un billet où il demandait à sortir avec les honneurs de la guerre. — Refusé. — Puis, la vie sauve. — Hullin*[1] et Élie promirent.

La difficulté était de faire exécuter la promesse. Empêcher une vengeance entassée depuis des siècles, irritée par tant de meurtres que venait de faire la Bastille, qui pouvait cela ?... Une autorité qui datait d'une heure, qui venait de la Grève à peine[2], qui n'était même connue que des deux petites bandes de l'avant-garde, n'était pas pour contenir cent mille hommes qui suivaient.

La foule était enragée, aveugle, ivre de son danger même. Elle ne tua cependant qu'un seul homme dans la place, elle épargna ses ennemis les Suisses, qu'à leurs sarraus elle prenait pour des domestiques ou des prisonniers ; elle blessa, maltraita ses amis les invalides. Elle aurait voulu pouvoir exterminer la Bastille ; elle brisa à coups de pierre les deux esclaves du cadran[3], elle monta aux tours pour insulter les canons ; plusieurs s'en prenaient aux pierres et s'ensanglantaient les mains à les arracher. On alla vite aux cachots délivrer les prisonniers ; deux étaient devenus fous.

1. Un autre chef des assaillants.
2. Le comité des électeurs rassemblé à l'Hôtel de Ville.
3. Dans la cour de la Bastille se trouvait une horloge placée entre deux figures de captifs aux fers.

L'un, effarouché du bruit, voulait se mettre en défense ; il fut tout surpris quand ceux qui brisèrent sa porte se jetèrent dans ses bras en le mouillant de leurs larmes. Un autre, qui avait une barbe jusqu'à la ceinture, demanda comment se portait Louis XV ; il croyait qu'il régnait encore. A ceux qui demandaient son nom, il disait qu'il s'appelait le major de l'Immensité.

Les vainqueurs n'avaient pas fini, ils soutenaient dans la rue Saint-Antoine un autre combat. En avançant vers la Grève, ils rencontraient de proche en proche des foules d'hommes qui, n'ayant pas pris part au combat, voulaient pourtant faire quelque chose, tout au moins massacrer les prisonniers. L'un fut tué dès la rue des Tournelles, un autre sur le quai. Des femmes suivaient échevelées, qui venaient de reconnaître leurs maris parmi les morts, et elles les laissaient là pour courir aux assassins ; l'une d'elles, écumante, demandait à tout le monde qu'on lui donnât un couteau.

De Launay était mené, soutenu, dans ce grand péril, par deux hommes de cœur et d'une force peu commune, Hullin*, et un autre. Ce dernier alla jusqu'au Petit-Antoine, et fut arraché de lui par un tourbillon de foule. Hullin ne lâcha pas prise. Conduire son homme de là à la Grève, qui est si près, c'était plus que les douze travaux d'Hercule. Ne sachant plus comment faire, et voyant qu'on ne connaissait De Launay qu'à une chose, que seul il était sans chapeau, il eut l'idée héroïque de lui mettre le sien sur la tête, et dès ce moment reçut les coups qu'on lui destinait. Il passa enfin l'Arcade-Saint-Jean ; s'il pouvait lui faire monter le perron, le lancer dans l'escalier, tout était fini. La foule le voyait bien ; aussi, de son côté, fit-elle un furieux effort. La force de géant qu'Hullin avait déployée ne lui servit plus ici. Étreint du boa énorme que la masse tourbillonnante serrait et resserrait sur lui, il perdit terre, fut poussé, repoussé, lancé sur la pierre

Il se releva par deux fois. A la seconde, il vit dans l'air, au bout d'une pique, la tête de De Launay.

La nuit du 4 août

Livre II, chapitre IV

Dans les campagnes bouleversées par la Grande Peur, la révolte agraire menace. Les paysans incendient les châteaux, détruisant ainsi les archives qui justifient les droits féodaux. Pour apaiser l'insurrection, l'Assemblée comprend qu'elle doit abolir les plus criants abus de la féodalité. Le sacrifice de la noblesse devient chez Michelet une scène de comédie. Aristocrates et prélats appartiennent dans la thématique de Michelet au monde de la facticité, de la théâtralité par opposition à la spontanéité, à la naïveté populaire.

Le plus riche seigneur, après le Roi, en propriétés féodales, était le duc d'Aiguillon. Il avait les droits régaliens[1] dans deux provinces du Midi. Le tout d'origine odieuse, que son grand-oncle Richelieu s'était donné à lui-même. Son père, collègue de Terray, ministre de la banqueroute, avait été méprisé encore plus que détesté. Le jeune duc d'Aiguillon éprouvait d'autant plus le besoin de se rendre populaire ; il était avec Duport, Chapelier, l'un des chefs du *club breton*[2]. Il y fit la proposition généreuse et politique de faire la

1. Droit qu'avait le roi de percevoir les revenus des évêchés vacants.

2. Les clubs tirent leur origine du souci des députés de se réunir pour préparer les débats de l'Assemblée. On attribue l'initiative de la création d'un club aux députés bretons, mais le *club breton* rassemble tous les représentants d'opinions patriotiques (favorables aux réformes). Il passe pour avoir inspiré toutes les mesures prises par l'Assemblée pendant l'été 1789.

part au feu dans ce grand incendie, d'abattre une partie du bâtiment pour sauver le reste ; il voulait, non pas sacrifier les droits féodaux (beaucoup de nobles n'avaient nulle autre fortune), mais offrir au paysan *de s'en racheter à des conditions modérées.*

Le vicomte de Noailles n'était pas au club, mais il eut vent de la proposition, et il en déroba la glorieuse initiative. Cadet de famille et ne possédant nuls droits féodaux, il fut encore plus généreux que le duc d'Aiguillon. Il proposa non seulement de permettre le rachat des droits, mais *d'abolir sans rachat* les corvées seigneuriales et autres servitudes personnelles.

Cela fut pris pour une attaque, une menace, rien de plus. Deux cents députés arrivèrent. On venait de lire un projet d'arrêté où l'Assemblée rappelait le devoir de respecter les propriétés, de payer les redevances, etc.

Le duc d'Aiguillon produisit un tout autre effet.

Il dit qu'en votant la veille des mesures de rigueur contre ceux qui attaquaient les châteaux, un scrupule lui était venu, qu'il s'était demandé à lui-même si ces hommes étaient bien coupables... Et il continua avec chaleur, avec violence, contre la tyrannie féodale, c'est-à-dire contre lui-même.

C'était le 4 août, à huit heures du soir, heure solennelle où la féodalité, au bout d'un règne de mille ans, abdique, abjure, se maudit.

La féodalité a parlé. Le peuple prend la parole. Un bas Breton, en costume de bas Breton, député inconnu, qui ne parla jamais ni avant, ni après, M. Le Guen de Kerengal, monte à la tribune et lit environ vingt lignes accusatrices et menaçantes. Il reprochait à l'Assemblée, avec une force, une autorité singulières, de n'avoir pas prévenu l'incendie des châteaux, en brisant, dit-il, les armes cruelles qu'ils contiennent, ces actes iniques qui ravalent l'homme à la bête, qui attellent à la charrette l'homme et l'animal, qui outragent la pudeur... « Soyons justes ; qu'on nous les apporte ces titres, monuments de la barbarie de nos pères.

« Qui de nous ne ferait un bûcher expiatoire de ces infâmes parchemins ?... Vous n'avez pas un moment à perdre ; un jour de délai occasionne de nouveaux embrasements ; la chute des empires est annoncée avec moins de fracas. Ne voulez-vous donner des lois qu'à la France dévastée ? »

L'impression fut profonde. Un autre Breton l'affaiblit en rappelant des droits bizarres, cruels, incroyables : le droit qu'aurait eu le seigneur d'éventrer deux de ses vassaux au retour de la chasse et de mettre ses pieds dans leur corps sanglant !

Un gentilhomme de province, M. de Foucault, s'attaquant aux grands seigneurs, qui avaient ouvert cette discussion fâcheuse, demanda qu'avant tout les grands sacrifiassent les pensions et traitements, les dons monstrueux qu'ils tirent du Roi, ruinant doublement le peuple, et par l'argent qu'ils extorquent, et par l'abandon où tombe la province, tous les riches suivant leur exemple, désertant leurs terres et s'arrachant à la Cour.

MM. de Guiche et de Mortemart crurent l'attaque personnelle et répondirent vivement que ceux que l'on désignait sacrifieraient tout.

L'enthousiasme gagna. M. de Beauharnais proposa que les peines fussent désormais les mêmes pour tous, nobles et roturiers, les emplois ouverts à tous. Quelqu'un demanda la justice gratuite ; un autre, l'abolition des justices seigneuriales, dont les agents inférieurs sont le fléau des campagnes.

M. de Custine dit que les conditions de rachat proposées par le duc d'Aiguillon étaient difficiles, qu'il fallait aplanir la chose, venir en aide au paysan.

M. de la Rochefoucauld, étendant la bienveillance de la France au genre humain, demanda des adoucissements pour l'esclavage des Noirs.

Jamais le caractère français n'éclata d'une manière

plus touchante, dans sa sensibilité facile, sa vivacité, son entraînement généreux. Ces hommes qui mettaient tant de temps, tant de pesanteur à discuter la Déclaration des Droits[1], à compter, peser les syllabes, dès qu'on fit appel à leur désintéressement, répondirent sans hésitation ; ils mirent l'argent sous les pieds, les droits honorifiques même qu'ils aimaient plus que l'argent... Grand exemple que la noblesse expirante a légué à notre aristocratie bourgeoise !

Parmi l'enthousiasme et l'attendrissement, il y avait aussi une fière insouciance, la vivacité d'un noble joueur qui prend plaisir à jeter l'or. Tous ces sacrifices se faisaient par des riches et par des pauvres, avec une gaieté égale, avec malice parfois (comme la motion de Foucault), avec de vives saillies.

« Et moi donc, qu'offrirai-je ? disait le comte de Virieu... au moins le moineau de Catulle... » Il proposa la destruction des pigeons destructeurs, du colombier féodal.

Le jeune De Montmorency demandait que tous ces vœux fussent sur-le-champ convertis en lois. Lepelletier de Saint-Fargeau désirait que le peuple jouît immédiatement de ces bienfaits. Lui-même, immensément riche, il voulait que les riches, les nobles, les exempts d'impôts se cotisassent à cet effet.

Le président Chapelier, pressé de faire voter l'Assemblée, observa malicieusement qu'aucun des messieurs du Clergé n'ayant pu encore se faire entendre, il se reprocherait de leur fermer la tribune.

L'évêque de Nancy exprima alors, au nom des seigneurs ecclésiastiques, le vœu que le prix du rachat des droits féodaux ne revînt pas au possesseur actuel mais fît l'objet d'un placement utile au bénéfice même

Ceci était d'économie et de bon ménage, plus que de générosité. L'évêque de Chartres, homme d'esprit

1. L'Assemblée est en train d'élaborer la Déclaration des Droits de l'Homme.

qui parla ensuite, trouva moyen d'être généreux aux dépens de la noblesse. Il sacrifiait les droits de chasse, très importants pour les nobles, minimes pour le Clergé.

Les nobles ne reculèrent pas ; ils demandèrent à consommer cette renonciation. Elle coûtait à plusieurs. Le duc du Châtelet dit en souriant à ses voisins : « L'évêque nous ôte la chasse ; je vais lui ôter ses dîmes[1]. » Et il proposa que les dîmes en nature fussent converties en redevances pécuniaires, rachetables à volonté.

Le Clergé laissa tomber cette dangereuse parole et suivit sa tactique de mettre en avant la noblesse ; l'archevêque d'Aix parla fortement contre la féodalité, demandant que l'on défendît à l'avenir toute convention féodale.

« Je voudrais avoir une terre, disait l'évêque d'Uzès, il me serait doux de la remettre entre les mains des laboureurs. Mais nous ne sommes que dépositaires... »

Les évêques de Nîmes et de Montpellier ne donnèrent rien, mais demandèrent que les artisans et manœuvres fussent exempts de charges et d'impôts.

Les pauvres ecclésiastiques furent seuls généreux. Des curés déclarèrent que leur conscience ne leur permettait pas d'avoir plus d'un bénéfice. D'autres dirent : « Nous offrons notre casuel[2]... » Duport objecta qu'alors il faudrait y suppléer. L'Assemblée fut émue, et refusa de prendre ce denier de la veuve.

L'attendrissement, l'exaltation étaient montés, de proche en proche, à un point extraordinaire. Ce n'était dans toute l'Assemblée qu'applaudissements, félicitations, expressions de bienveillance mutuelle. Les étrangers présents à la séance étaient muets d'étonnement ;

1. La dîme était la fraction de la récolte prélevée en nature par le clergé.
2. Honoraires que les fidèles donnent au curé pour la célébration de certains offices.

pour la première fois, ils avaient vu la France, toute sa richesse de cœur... Ce que des siècles d'efforts n'avaient pas fait chez eux, elle venait de le faire en peu d'heures par le désintéressement et le sacrifice... L'argent, l'orgueil immolé, toutes les vieilles insolences héréditaires, l'antiquité, la tradition même... le monstrueux chêne féodal abattu d'un coup, l'arbre maudit, dont les branches couvraient la terre d'une ombre froide, tandis que ses racines infinies allaient dans les profondeurs chercher, sucer la vie, l'empêcher de monter à la lumière.

Acquis et limites de la nuit du 4 août

La nuit du 4 août fait date dans l'histoire de la Révolution parce qu'elle correspond à la destruction des structures de l'Ancien Régime : les privilèges des ordres, les particularismes des régions sont abolis, le territoire est unifié, les individus sont « uniformisés ».

Mais les décrets rédigés par l'Assemblée à la suite de la nuit du 4 août sont loin d'être aussi favorables aux paysans qu'on pourrait le croire. En effet, « de singulières restrictions furent introduites dans les décrets définitifs. Les droits qui pesaient sur les personnes furent abolis ; mais ceux qui grevaient les terres furent déclarés rachetables : c'était admettre que les droits féodaux étaient perçus en vue d'un contrat passé jadis entre les seigneurs propriétaires et les paysans tenanciers de la terre. Le paysan était libéré, mais non sa terre : il s'aperçut bientôt de ces singulières restrictions et qu'il devait les redevances jusqu'à leur complet rachat. [...] Les paysans durent attendre les votes de l'Assemblée législative et de la Convention pour voir tirées les véritables conséquences de la nuit du 4 août et la féodalité totalement abolie ».

(Albert Soboul, *Histoire de la Révolution française*, 1962)

Les journées d'octobre

Livre II, chapitres VIII et IX

Louis XVI refuse de signer les décrets consécutifs à la nuit du 4 août. A Paris, la crise des subsistances s'aggrave, le pain manque. A Versailles, la cocarde tricolore, emblème de la nation, a été piétinée, dit-on, lors d'un banquet, sous les yeux de la famille royale ; la cocarde blanche fleurit à la Cour. La première partie du récit de Michelet est centrée sur la reine, figure de la féminité maléfique. La marche des femmes de Paris sur Versailles intervient comme une énergie opposée, maternelle et positive. Michelet présente cette initiative comme le désir naïf, régressif, de rétablir la seule union à leurs yeux légitime, celle du Peuple femme et mère et du Roi époux et père.

Il y avait, au 5 octobre, une foule de malheureuses créatures qui n'avaient pas mangé depuis trente heures. Ce spectacle douloureux brisait les cœurs, et personne n'y faisait rien ; chacun se renfermait en déplorant la dureté des temps. Le dimanche 4 au soir, une femme courageuse qui ne pouvait voir cela plus longtemps, court du quartier Saint-Denis au Palais-Royal, elle se fait jour dans la foule bruyante qui pérorait, elle se fait écouter ; c'était une femme de trente-six ans, bien mise, honnête, mais forte et hardie. Elle veut qu'on aille à Versailles, elle marchera à la tête. On plaisante, elle applique un soufflet à l'un des plaisants. Le lendemain, elle partit des premières, le sabre à la main, prit un canon à la Ville, se mit à cheval dessus, et le mena à Versailles, la mèche allumée.

Parmi les métiers perdus qui semblaient périr avec l'Ancien Régime, se trouvait celui de sculpteur en bois. On travaillait beaucoup en ce genre, et pour les églises, et pour les appartements. Beaucoup de femmes sculptaient. L'une d'elles, Madeleine Chabry, ne faisant plus rien, s'était établie bouquetière au quartier du Palais-Royal, sous le nom de Louison ; c'était une fille de dix-sept ans, jolie et spirituelle. On peut parier hardiment que ce ne fut pas la faim qui mena celle-ci à Versailles. Elle suivit l'entraînement général, son bon cœur et son courage. Les femmes la mirent en la tête, et la firent leur orateur.

Il y en avait d'autres que la faim ne menait point. Il y avait des marchandes, des portières, des filles publiques, compatissantes et charitables, comme elles le sont souvent. Il y avait un nombre considérable de femmes de la halle ; celles-ci fort royalistes, mais elles désiraient d'autant plus avoir le Roi à Paris. Elles avaient été le voir quelque temps avant cette époque, je ne sais à quelle occasion ; elles lui avaient parlé avec beaucoup de cœur, une familiarité qui fit rire, mais touchante, et qui révélait un sens parfait de la situation : « Pauvre homme ! disaient-elles en regardant le Roi, cher homme ! bon papa ! » — Et plus sérieusement à la Reine : « Madame, Madame, ouvrez vos entrailles !... Ouvrons-nous ! Ne cachons rien, disons bien franchement ce que nous avons à dire. »

Ces femmes des marchés ne sont pas celles qui souffrent beaucoup de la misère ; leur commerce, portant sur les objets nécessaires à la vie, a moins de variations. Mais elles voient la misère mieux que personne et la ressentent ; vivant toujours sur la place, elles n'échappent pas, comme nous, au spectacle des souffrances. Personne n'y compatit davantage, n'est meilleur pour les malheureux. Avec des formes grossières, des paroles rudes et violentes, elles ont souvent un cœur royal, infini de bonté. Nous avons vu nos Picardes, les femmes du marché d'Amiens, pauvres vendeuses de légumes, sauver le père de quatre enfants qu'on allait guillotiner ; c'était le moment du sacre de Charles X ; elles laissèrent leur commerce, leur famille, s'en allèrent à Reims, elles firent pleurer le Roi,

Triomphe de l'armée réunie au peuple le 6 octobre 1789.
(Musée Carnavalet.)

arrachèrent la grâce, et, au retour, faisant entre elles une collecte abondante, elles renvoyèrent sauvés, comblés, le père, la femme et les enfants.

Le 5 octobre, à sept heures, elles entendirent battre la caisse, et elles ne résistèrent pas. Une petite fille avait pris un tambour au corps de garde, et battait la générale. C'était lundi ; les halles furent désertées, toutes partirent : « Nous ramènerons, disent-elles, *le boulanger, la boulangère*... Et nous aurons l'agrément d'entendre *notre petite mère* Mirabeau*. »

La troupe des femmes est suivie par une colonne de 20 000 hommes. Le roi accepte de signer les décrets, promet du blé et du pain. Mais le 6 octobre au matin, la foule assemblée devant le château veut ramener Louis XVI avec elle à Paris. Le récit de Michelet insiste sur l'ambiguïté de la situation du roi : ce cortège bon enfant préfigure par bien des aspects sa marche au supplice.

CHAPITRE IX

Le jour s'avance, il n'est pas loin d'une heure... Il faut partir, quitter Versailles... Adieu, vieille monarchie !

Cent députés entourent le Roi, toute une armée, tout un peuple. Il s'éloigne du palais de Louis XIV pour n'y jamais revenir.

Toute cette foule s'ébranle, elle s'en va à Paris, devant le Roi et derrière.

Hommes, femmes vont, comme ils peuvent, à pied, à cheval, en fiacre, sur les charrettes qu'on trouve, sur les affûts des canons. On rencontra avec plaisir un grand convoi de farines, bonne chose pour la ville affamée.

Les femmes portaient aux piques de grosses miches de pain, d'autres des branches de peuplier, déjà jaunies par octobre. Elles étaient fort joyeuses, aimables à leur façon, sauf quelques quolibets à l'adresse de la Reine.

« Nous amenons, criaient-elles, le boulanger, la boulangère, le petit mitron. »

Toutes pensaient qu'on ne pouvait jamais mourir de faim, ayant le Roi avec soi. Toutes étaient encore royalistes, en grande joie de mettre enfin *ce bon papa* en bonnes mains ; il n'avait pas beaucoup de tête, il avait manqué de parole ; c'était la faute de sa femme ; mais une fois à Paris, les bonnes femmes ne manqueraient pas, qui le conseilleraient mieux.

Tout cela, gai, triste, violent, joyeux et sombre à la fois.

On espérait, mais le ciel n'était pas de la partie. Il avait plu. On marchait lentement, en pleine boue. De moment en moment, plusieurs, en réjouissance, ou pour décharger leurs armes, tiraient des coups de fusil.

La voiture royale, escortée, La Fayette* à la portière, avançait comme un cercueil.

La Reine était inquiète. Était-il sûr qu'elle arrivât ? Elle demanda à La Fayette ce qu'il en pensait, et lui-même le demanda à Moreau de Saint-Méry, qui, ayant présidé l'Hôtel de Ville aux fameux jours de la Bastille, connaissait bien le terrain. Il répondit ces mots significatifs : « Je doute que la Reine arrive seule aux Tuileries ; mais, une fois à l'Hôtel de Ville, elle en reviendra. »

Voilà le Roi à Paris, au seul lieu où il devait être, au cœur même de la France. Espérons qu'il en sera digne.

La révolution du 6 octobre, nécessaire, naturelle et légitime, s'il en fut jamais, toute spontanée, imprévue, vraiment populaire, appartient surtout aux femmes, comme celle du 14 juillet aux hommes. Les hommes ont pris la Bastille, et les femmes ont pris le Roi.

Le 1er octobre, tout fut gâté par les dames de Versailles.

Le 6, tout fut réparé par les femmes de Paris.

Chronologie sommaire des événements évoqués dans la deuxième partie

29 novembre 1789 :
Première fédération à Étoile (Drôme).

14 juillet 1790 :
Fête de la Fédération à Paris.

31 août 1790 :
Massacre à Nancy des soldats suisses du régiment de Châteauvieux.

2

La nation telle qu'en elle-même (automne 1789 - printemps 1791)

Livres III et IV

De l'automne 1789 à l'été 1790, on a l'impression d'une pause : les événements s'espacent, il n'y a pas de « grandes journées » comme au début de la Révolution. Cette période prête à des interprétations différentes de la part des historiens actuels. Certains y voient une « année heureuse » (F. Furet et D. Richet), le ralentissement du rythme correspondant à une stabilisation de la société dans un compromis qui aurait pu être durable. Pour d'autres, il ne s'agit que d'un « faux répit », et « l'idée s'impose d'un dynamisme sans cesse réamorcé » (M. Vovelle) car les ripostes de la contre-Révolution sur de multiples points en province, la crise financière, le problème religieux, la duplicité du roi, rendent la stabilisation illusoire et tout compromis impossible.

*Dans le livre III de l'*Histoire de la Révolution, *l'attention de Michelet se concentre sur la province, où se dessinent des mouvements décisifs. La période est dominée par deux tendances :*

— les résistances *(des parlements, de la noblesse, du clergé) qui contiennent en germe les grandes difficultés de l'avenir, en particulier la question religieuse ;*

— l'irrésistible mouvement d'union *qui de fédération en fédération crée l'unité et l'unanimité de la France.*

L'opposition de ces deux forces n'aboutit pas à l'équilibre, l'élan révolutionnaire transcende momentanément les résistances. Cette période ne constitue en aucune façon une pause, mais une apothéose où se nouent conflits et contradictions. La Révolution est « lancée » (Michelet), portée par un mouvement ascendant puisque c'est le Peuple qui en a l'initiative.

Mouvement des Fédérations novembre 1789

Livre III, chapitre IV

A Étoile, près de Valence, le 29 novembre 1789, les gardes nationales du Vivarais et du Dauphiné s'unissent et prêtent serment fédératif d'assistance mutuelle. L'hiver 1789 et le printemps 1790 voient de semblables initiatives dans tout le territoire. Ce mouvement spontané témoigne de l'adhésion de la majorité des Français à la cause révolutionnaire. Chez Michelet, cet événement nous fait passer au-delà de l'histoire dans « l'éternité de la Patrie ».

C'est près du Rhône, à deux lieues de Valence, au petit bourg d'Étoile, que, pour la première fois, *la province est abjurée* ; quatorze communes rurales du Dauphiné s'unissent entre elles, et se donnent à la grande unité française (29 novembre 1789). Belle réponse de ces paysans aux politiques, aux Mounier*, qui faisaient appel à l'orgueil provincial, à l'esprit de division, qui essayaient d'armer le Dauphiné contre la France.

Cette fédération, renouvelée à Montélimar, n'est plus seulement dauphinoise, mais mêlée de plusieurs provinces des deux rives, Dauphiné et Vivarais, Provence et Languedoc. Cette fois donc, ce sont *des Français*. — Grenoble y envoie d'elle-même, malgré sa municipalité, en dépit des politiques ; elle ne se soucie plus de son rôle de capitale, elle aime mieux être France. — Tous ensemble ils répètent le serment sacré que les paysans ont déjà fait en novembre : « Plus de province ! la patrie !... » Et s'aider, se nourrir les uns les autres, se passer les blés de main en main par le Rhône (13 décembre).

Fleuve sacré, qui traversant tant de peuples, de races, de langues, semble avoir hâte d'échanger les produits, les sentiments, les pensées, il est, dans son cours varié, l'universel médiateur, le sociable *Genius*, la fraternité du Midi. C'est au point aimable et riant de son mariage avec la Saône, que sous Auguste, soixante nations des Gaules avaient dressé leur autel. Et c'est au point le plus austère, au passage sérieux, profond, que dominent les monts cuivrés de l'Ardèche, dans la romaine Valence, que se fit, le 31 janvier 1790, la première de nos grandes fédérations. Dix mille hommes étaient en armes, qui devaient en représenter plusieurs centaines de mille. Il y avait trente mille spectateurs. Entre cette immuable antiquité, ces monts immuables, devant ce fleuve grandiose, toujours divers, toujours le même, se fit le serment solennel. Les dix mille, un genou en terre, les trente mille à deux genoux, tous ensemble jurèrent la sainte unité de la France.

Tout était grand, le lieu, le moment ; et, chose rare, les paroles ne furent nullement au-dessous. La sagesse du Dauphiné, l'austérité du Vivarais, le tout animé d'un souffle de Languedoc et de Provence. A l'entrée d'une carrière de sacrifices qu'ils prévoyaient parfaitement, au moment de commencer l'œuvre grande et laborieuse, ces excellents citoyens se recommandaient les uns aux autres de fonder la liberté sur la seule base solide, « la vertu », sur ce qui rend les dévouements faciles, « la simplicité, la frugalité, la pureté du cœur » !

Je voudrais savoir aussi ce que disaient, presque en face, de l'autre côté du Rhône, à Voûte, les cent mille paysans armés qui y firent l'union du Vivarais. C'était encore février, rude saison dans ces froides montagnes ; ni le temps, ni la misère, ni les routes effroyables, n'empêchèrent ces pauvres gens d'arriver au rendez-vous. Torrents, verglas, précipices, fontes de neiges, rien ne put les arrêter. Une chaleur toute nouvelle était dans l'air, une fermentation précoce se faisait sentir en eux ; citoyens pour la première fois, évoqués du fond de leurs glaces au nom inouï de la liberté, ils partirent, comme les rois mages et les bergers de Noël, voyant clair en pleine nuit, suivant sans pouvoir s'égarer, à travers les brumes d'hiver, une lueur de printemps et l'étoile de la France.

Qu'est-ce que la Garde nationale ?

En juillet 1789, des milices composées d'artisans, de boutiquiers et de bourgeois se forment dans les villes pour défendre les citoyens contre les provocations des aristocrates, mais aussi contre les émeutes du petit peuple et les attaques des brigands. Ces milices, baptisées presque aussitôt gardes nationales, sont composées de volontaires qui élisent leurs officiers. Le port — donc l'achat — de l'uniforme, puis la limitation de l'accès aux seuls citoyens actifs (1791) excluent a priori l'enrôlement populaire. La garde nationale est, selon l'expression de M. Vovelle, « l'émanation de la bourgeoisie en armes ». A Paris, au lendemain de la prise de la Bastille, La Fayette est élu commandant de la Garde nationale. On peut craindre un moment qu'il n'en fasse un outil asservi à ses ambitions. Mais la Garde nationale évoluera tout autrement. Ouverte aux citoyens passifs en 1792, elle se rapprochera beaucoup des positions de la sans-culotterie, issue des mêmes couches sociales. Le prestige de la Garde nationale dans les années 1789-1790 tient sans doute au fait qu'elle est la première expression de la nation en armes à une époque où l'armée est encore majoritairement encadrée par l'aristocratie.

La fédération générale 14 juillet 1790

Livre III, chapitre XII

*Cette première grande célébration révolutionnaire est avant tout pour Michelet la Fête du Peuple, voulue, imposée, organisée par le Peuple, contrairement aux fêtes suivantes qui seront dispensées d'en haut. Dans cette fédération des fédérations, accomplissement d'un immense mouvement centripète, Michelet célèbre la consécration de l'*unanimité, *une unanimité dont s'exclut déjà par sa duplicité le roi. Mais quand la nation s'est révélée, y a-t-il encore place pour un roi ?*

Il fallut que le maire, la commune de Paris, poussés, forcés par l'exemple et les prières des autres villes, vinssent demander à l'Assemblée une fédération générale. Il fallut que l'Assemblée, bon gré mal gré, l'accordât. On fit ce qu'on put du moins pour réduire le nombre de ceux qui voulaient venir. La chose fut décidée fort tard, de sorte que ceux qui venaient à pied des extrémités du royaume n'avaient guère moyen d'arriver à temps. La dépense fut mise à la charge des localités, obstacle peut-être insurmontable pour les pays les plus pauvres.

Mais, dans un si grand mouvement, y avait-il des obstacles ? On se cotisa, comme on put ; comme on put, on habilla ceux qui faisaient le voyage ; plusieurs vinrent sans uniforme. L'hospitalité fut immense, admirable, sur toute la route ; on arrêtait, on se disputait les pèlerins de la grande fête. On les forçait de faire halte, de loger, manger, tout au moins boire au passage. Point d'étranger, point d'inconnu, tous parents. Gardes nationaux, soldats, marins, tous allaient ensemble.

Ces bandes, qui traversaient les villages, offraient un touchant spectacle. C'étaient les plus anciens de l'armée, de la marine, qu'on appelait à Paris. Pauvres soldats tout courbés de la guerre de Sept Ans[1], sous-officiers en cheveux blancs, braves officiers de fortune, qui avaient percé le granit avec leur front, vieux pilotes usés à la mer, toutes ces ruines vivantes de l'Ancien Régime avaient voulu pourtant venir. C'était leur jour, c'était leur fête.

On vit au 14 juillet des marins de quatre-vingts ans qui marchèrent douze heures de suite ; ils avaient retrouvé leurs forces, ils se sentaient, au moment de la mort, participer à la jeunesse de la France, à l'éternité de la Patrie.

Et en traversant par bandes les villages ou les villes, ils chantaient de toutes leurs forces, avec une gaieté héroïque, un chant que les habitants, sur leurs portes, répétaient. Ce chant, national entre tous, rimé pesamment, fortement, toujours sur les mêmes rimes (comme les Commandements de Dieu et de l'Église), marquait admirablement le pas du voyageur qui voit s'abréger le chemin, le progrès du travailleur qui voit la besogne avancer. Il a fidèlement suivi l'allure de la Révolution elle-même, pressant la mesure lorsque ce terrible

1. Guerre européenne qui opposa, de 1756 à 1763, la France, l'Autriche, la Russie, la Saxe, la Suède et l'Espagne à l'Angleterre alliée à la Prusse et au Hanovre. Par le traité de Paris, la France céda presque toutes ses possessions américaines et indiennes à l'Angleterre.

voyageur se précipitait. Abrégé, concentré dans une ronde de fureur et de vertige, il devint le meurtrier *Ça ira !* de 93. Celui de 90 eut un autre caractère :

Le peuple en ce jour sans cesse répète :
Ah ! ça ira ! ça ira ! ça ira !
Suivant les maximes de l'Évangile
(Ah ! ça ira ! ça ira ! ça ira !)
Du législateur tout s'accomplira ;
Celui qui s'élève, on l'abaissera ;
Et qui s'abaisse, on l'élèvera, etc.

Pour le voyageur qui, des Pyrénées ou du fond de la Bretagne, venait lentement à Paris sous le soleil de juillet, ce chant fut un viatique, un soutien, comme les *proses* que chantaient les pèlerins qui bâtirent révolutionnairement au Moyen Age les cathédrales de Chartres et de Strasbourg. Le Parisien le chanta avec une mesure pressée, une vivacité violente, en préparant le champ de la Fédération, en retournant le Champ-de-Mars. Parfaitement plan alors, on voulait lui donner la belle et grandiose forme que nous lui voyons. La ville de Paris y avait mis quelques milliers d'ouvriers fainéants, à qui un pareil travail aurait coûté des années. Cette mauvaise volonté fut comprise. Toute la population s'y mit. Ce fut un étonnant spectacle. De jour, de nuit, des hommes de toutes classes, de tout âge, jusqu'à des enfants, tous, citoyens, soldats, abbés, moines, acteurs, sœurs de Charité, belles dames, dames de la halle, tous maniaient la pioche, roulaient la brouette ou menaient le tombereau. Des enfants allaient devant, portant des lumières ; des orchestres ambulants animaient les travailleurs : eux-mêmes, en nivelant la terre, chantaient ce chant niveleur : « Ah ! ça ira ! ça ira ! ça ira ! Celui qui s'élève, on l'abaissera ! »

Le chant, l'œuvre et les ouvriers, c'était une seule et même chose, l'égalité en action. Les plus riches et les plus pauvres, tous unis dans le travail. Les pauvres pourtant, il faut le dire, donnaient davantage. C'étai après leur journée, une lourde journée de juillet, qu le porteur d'eau, le charpentier, le maçon du pon Louis-XVI[1], que l'on construisait alors, allaient pio cher au Champ-de-Mars. A ce moment de la moisson les laboureurs ne se dispensèrent point de venir. Ce hommes lassés, épuisés, venaient, pour délassement travailler encore aux lumières.

Ce travail, véritablement immense, qui d'une plain fit une vallée entre deux collines, fut accompli, qui l croirait ? en une semaine ! Commencé précisément a 7 juillet, il finit avant le 14.

La chose fut menée d'un grand cœur, comme un bataille sacrée. L'autorité espérait, par sa lenteur cal culée, entraver, empêcher la fête de l'union ; ell devenait impossible. Mais la France voulut et cela fu fait. [...]

Voilà enfin le 14 juillet, le beau jour tant désiré pour lequel ces braves gens ont fait le pénible voyage Tout est prêt. Pendant la nuit même, de crainte d manquer la fête, beaucoup, peuple ou garde nationale ont bivouaqué au Champ-de-Mars. Le jour vient hélas ! il pleut ! Tout le jour, à chaque instant, d lourdes averses, des rafales d'eau et de vent. « Le cie est aristocrate », disait-on, et l'on ne se plaçait pa moins. Une gaieté courageuse, obstinée, semblait vou loir, par mille plaisanteries folles, détourner le trist augure. Cent soixante mille personnes furent assise sur les tertres du Champ-de-Mars, cent cinquante mill étaient debout ; dans le champ même devaien manœuvrer environ cinquante mille hommes, don quatorze mille gardes nationaux de province, ceux d Paris, les députés de l'armée, de la marine, etc. Le vastes amphithéâtres de Chaillot, de Passy étaien chargés de spectateurs. Magnifique emplacement immense, dominé lui-même par le cirque plus éloign

1. L'actuel pont de la Concorde.

que forment Montmartre, Saint-Cloud, Meudon, Sèvres ; un tel lieu semblait attendre les États généraux du monde.

Avec tout cela, il pleut. Longue est l'attente. Les fédérés, les gardes nationaux parisiens, réunis depuis cinq heures le long des boulevards, sont trempés, mourants de faim, gais pourtant. On leur descend des pains avec une corde, des jambons et des bouteilles, des fenêtres de la rue Saint-Martin, de la rue Saint-Honoré.

Ils arrivent, passent la rivière sur un pont de bois construit devant Chaillot, entrent par un arc de triomphe.

Au milieu du Champ-de-Mars, s'élevait l'autel de la patrie ; devant l'École militaire, les gradins où devaient s'asseoir le Roi, l'Assemblée.

Tout cela fut long encore. Les premiers qui arrivèrent pour faire bon cœur contre la pluie et dépit au mauvais temps, se mirent bravement à danser. Leurs joyeuses farandoles, se déroulant en pleine boue, s'étendent, vont s'ajoutant sans cesse de nouveaux anneaux dont chacun est une province, un département ou plusieurs pays mêlés. La Bretagne danse avec la Bourgogne, la Flandre avec les Pyrénées... Nous les avons vus commencer, ces groupes, ces danses ondoyantes, dès l'hiver de 89. La farandole immense qui s'est formée peu à peu de la France tout entière, elle s'achève au Champ-de-Mars, elle expire... Voilà l'unité !

Adieu l'époque d'attente, d'aspiration, de désir, où tous rêvaient, cherchaient ce jour !... Le voici ! Que désirons-nous ? Pourquoi ces inquiétudes ? Hélas ! l'expérience du monde nous apprend cette chose triste, étrange à dire, et pourtant vraie, que l'union trop souvent diminue dans l'unité. La volonté de s'unir, c'était déjà l'unité des cœurs, la meilleure unité peut-être.

Mais silence ! le Roi arrive, il est assis, et l'Assemblée, et la Reine dans une tribune qui plane sur tout le reste.

La Fayette* et son cheval blanc arrivent jusqu'au pied du trône ; le commandant met pied à terre et prend les ordres du Roi. A l'autel, parmi deux cents prêtres portant ceintures tricolores, monte d'une allure équivoque, d'un pied boiteux, Talleyrand*, évêque d'Autun : quel autre, mieux que lui doit officier, dès qu'il s'agit de serment ?

Le serment fédératif

C'est La Fayette qui prononça et fit répéter à la foule le serment fédératif ainsi formulé :
« Nous jurons de rester à jamais fidèles à la nation, à la loi et au roi, de maintenir de tout notre pouvoir la Constitution décrétée par l'Assemblée nationale et acceptée par le roi et de protéger conformément aux lois la sûreté des personnes et des propriétés, la circulation des grains et des subsistances dans l'intérieur du royaume, la prescription des contributions publiques sous quelque forme qu'elle existe, et de demeurer unis à tous les Français par les liens indissolubles de la fraternité. »

Douze cents musiciens jouaient, à peine entendus ; mais un silence se fait : quarante pièces de canon font trembler la terre. A cet éclat de la foudre, tous se lèvent, tous portent la main vers le ciel... Ô roi ! ô peuple ! attendez... Le ciel écoute, le soleil tout exprès perce le nuage... Prenez garde à vos serments !

Ah ! de quel cœur il jure, ce peuple ! Ah ! comme il est crédule encore !... Pourquoi donc le Roi ne lui donne-t-il pas ce bonheur de le voir jurer à l'autel ? Pourquoi jure-t-il à couvert, à l'ombre, à demi caché ? Sire, de grâce, levez haut la main, que tout le monde la voie !

Et vous, Madame, ce peuple enfant, si confiant, si aveugle, qui tout à l'heure dansait avec tant d'insouciance, entre son triste passé et son formidable avenir, ne vous fait-il pas pitié ?... Pourquoi dans vos beaux yeux bleus cette douteuse lueur ? Un royaliste l'a saisie : « Voyez-vous la magicienne ? » disait le comte de Virieu... Vos yeux ont-ils donc vu d'ici votre envoyé qui maintenant reçoit à Nice et félicite l'organisateur des massacres du Midi ? Ou bien, dans ces masses confuses, avez-vous cru voir de loin les armées de Léopold[1] ?

Écoutez !... Ceci, c'est la paix, mais une paix toute guerrière. Les trois millions d'hommes armés, qui ont envoyé ceux-ci, ont entre eux plus de soldats que tous les rois de l'Europe. Ils offrent la paix fraternelle, mais n'en sont pas moins prêts au combat. Déjà plusieurs départements, Seine, Charente, Gironde, bien d'autres, veulent donner, armer, défrayer chacun six mille hommes pour aller à la frontière. Tout à l'heure les Marseillais vont demander à partir, ils renouvellent le serment des Phocéens leurs ancêtres, jetant une pierre à la mer et jurant, s'ils ne sont vainqueurs, de ne revenir qu'au jour où la pierre surnagera[2].

Le massacre de Nancy août 1790

Livre IV, chapitre III

L'affirmation de l'unanimité ne doit pas faire oublier les antagonismes sociaux qui continuent d'agiter la société, et en particulier l'armée. De nombreux affrontements opposent officiers aristocrates et soldats favorables à la Révolution, en

1. Léopold II, empereur d'Autriche depuis 1790.
2. Les Phocéens, attaqués par les Perses, s'embarquèrent pour la Corse après avoir juré de ne pas revenir se soumettre à la domination étrangère.

particulier lorsque ceux-ci demandent à vérifier les comptes de leur solde.

Les choses en étaient là, lorsque le régiment du Roi, qui était à Nancy avec deux autres (Mestre-de-Camp et Châteauvieux, un régiment suisse), s'avisa de demander des comptes aux officiers, et se fit payer par eux. Cela tenta Châteauvieux. Le 5 août, il envoya deux soldats au régiment du Roi, pour demander des renseignements sur l'examen des comptes. Ces pauvres Suisses se croyaient Français, voulaient faire comme les Français ; on leur rappela cruellement qu'ils étaient Suisses. Leurs officiers, aux termes des capitulations[1], étaient leurs juges suprêmes, à la vie et à la mort. Officiers, juges, seigneurs et maîtres, les uns, patriciens des villes souveraines de Berne et Fribourg ; les autres, seigneurs féodaux de Vaud et autres pays sujets, qui rendaient à leurs vassaux ce qu'ils recevaient en mépris de Berne. La démarche de leurs soldats leur parut trois fois coupable ; soldats, sujets et vassaux, ils ne pouvaient jamais être assez cruellement punis. Les deux envoyés furent en pleine parade fouettés honteusement, passés par les courroies[2]. Les officiers français regardaient et admiraient ; ils complimentèrent les officiers suisses pour leur inhumanité.

Ils n'avaient pas calculé comment l'armée prendrait la chose. L'émotion fut violente. Les Français sentirent tous les coups qui frappaient les Suisses.

Ce régiment de Châteauvieux était et méritait d'être cher à l'armée, à la France. C'est lui qui, le 14 juillet 89, campé au Champ-de-Mars, lorsque les Parisiens allèrent prendre les armes aux Invalides, déclara que jamais il ne tirerait sur le peuple. Son refus, évidem-

1. Conventions qui réglementaient l'organisation des régiments suisses.
2. ... fouettés avec des courroies.

ment, paralysa Benseval[1], laissa Paris libre et maître de marcher sur la Bastille.

Les Français allèrent prendre les deux Suisses battus le matin, les vêtirent de leurs habits, les coiffèrent de leurs bonnets, les promenèrent par la ville, et forcèrent les officiers suisses à leur compter à chacun cent louis d'indemnité.

L'assemblée — sous l'influence de La Fayette ? — vote des décrets répressifs le 6 août. La Fayette écrit au marquis de Bouillé, général en chef des armées de Meuse et de Moselle, de sévir. Il envoie aussi à Nancy un inspecteur des comptes, M. de Malseigne, qui, selon Michelet, provoque délibérément les Suisses et se fait malmener. Le régiment de Châteauvieux et deux régiments français restés solidaires se cantonnent dans Nancy où ils retiennent Malseigne. Le 31 août, à la tête de troupes sûres de mercenaires allemands, Bouillé les somme de sortir de la ville.*

Les conditions du général étaient de n'en faire aucune, d'exiger d'abord que les régiments sortissent, remissent leur otage Malseigne, et *livrassent* chacun quatre des leurs qui seraient jugés par l'Assemblée. Leur faire choisir, trahir, livrer eux-mêmes quelques-uns de leurs camarades, cela était dur, déshonorant pour des Français, mais horrible pour des Suisses, qui savaient parfaitement qu'ils n'iraient jamais au jugement de l'Assemblée ; qu'en vertu des capitulations, leurs chefs les réclameraient pour être pendus, roués vifs, ou mourir sous le bâton.

Les deux régiments français (du Roi et Mestre-de-Camp) se soumirent, rendirent Malseigne, commencèrent à sortir de la ville. Resta le pauvre Château-

1. A la veille de la crise de juillet 1789, il avait reçu le commandement des troupes réunies autour de Paris.

vieux, dans son petit nombre, deux bataillons seulement ; quelques-uns des nôtres pourtant rougirent de l'abandonner ; beaucoup de vaillants gardes nationaux de la banlieue de Nancy vinrent aussi, par un instinct généreux, se ranger auprès des Suisses et voulurent partager leur sort. Tous ensemble ils occupèrent la porte de Stainville, la seule qui fût fortifiée.

Si Bouillé eût voulu épargner le sang, il n'avait qu'une chose à faire : s'arrêter un peu à distance, attendre que les régiments français fussent sortis, puis faire entrer quelques troupes par les autres portes, et placer ainsi les Suisses entre deux feux ; il les aurait eus sans combat.

Mais alors, où était la gloire ? Où était *le coup imposant* que la Cour et La Fayette avaient attendu de Bouillé ?

Celui-ci raconte lui-même deux choses qui sont contre lui : d'abord, qu'il avança jusqu'à trente pas de la porte, c'est-à-dire qu'il mit en face, en contact, des ennemis, des rivaux, des Suisses et des Suisses, qui ne pouvaient manquer de s'injurier, se provoquer, se renvoyer le nom de traîtres. Deuxièmement, il quitta la tête de la colonne pour parler à des députés qu'il eût pu fort bien faire venir ; son absence eut l'effet naturel qu'on devait attendre : on s'injuria, on cria, enfin on tira.

Ceux de Nancy disent que tout commença par les hussards de Bouillé ; Bouillé accuse les soldats de Châteauvieux. On a peine à comprendre pourtant comment ceux-ci, en si grand danger, s'avisèrent de provoquer. Ils voulaient tirer le canon ; un jeune officier breton, Désilles, aussi hardi qu'obstiné, s'assoit sur la lumière même ; renversé de là, il embrasse le canon, grave incident qui permettait aux gens de Bouillé d'avancer ; on ne put l'arracher du canon qu'à grands coups de baïonnette.

Bouillé accourt, se rend maître de la porte, lance ses hussards dans la ville, à travers une fusillade très nourrie qui partait de toutes les fenêtres. Ce n'était pas évidemment Châteauvieux seul qui tirait, ni seulement les gardes nationaux de la banlieue, mais la plus grande partie de la population pauvre s'était déclarée pour les Suisses. Cependant les officiers des deux régiments français suivirent l'exemple de Désilles, et avec plus de bonheur ; ils parvinrent à retenir les troupes dans les casernes. Dès lors Bouillé ne pouvait manquer de venir à bout de la ville.

Le soir, l'ordre était rétabli, les régiments français partis, les Suisses de Châteauvieux moitié tués, moitié prisonniers. Ceux qui ne se rendirent pas de suite furent trouvés les jours suivants, égorgés. Trois jours après, on en prit encore un, qu'on coupa en morceaux dans le marché ; dix mille témoins l'ont pu voir.

Après le massacre, la ville eut un spectacle plus affreux encore, un supplice immense. Les officiers suisses ne se contentèrent pas de décimer ce qui restait de leurs soldats, il y eût eu trop peu de victimes : ils en firent pendre vingt et un. Cette atrocité dura tout un jour ; et, pour couronner la fête, le vingt-deuxième fut roué.

L'ignoble, l'infâme pour nous, c'est que ces Néron ayant condamné encore cinquante Suisses aux galères (probablement tout ce qui restait en vie), nous reçûmes ces galériens ; nous eûmes la noble mission de les mener et de les garder à Brest. Ces gens, qui n'avaient pas voulu tirer sur nous le 14 juillet, eurent pour récompense nationale de traîner le boulet en France.

Les Suisses envoyés aux galères furent libérés et réhabilités en 1792 et, le 15 avril, on donna à Paris une fête en leur honneur, la Fête de la Liberté.

Chronologie sommaire des événements évoqués dans la troisième partie

20-21 juin 1791 :
Fuite de la famille royale, arrestation à Varennes.

1er octobre :
Ouverture de l'Assemblée législative.

12 décembre 1791 et 2 janvier 1792 :
Discours de Robespierre contre la guerre.

15 mars 1792 :
Formation d'un ministère autour du girondin Roland.

20 avril :
Déclaration de guerre à l'Autriche.

27 mai :
Décret sur la déportation des prêtres réfractaires.

4-11 juin :
Veto royal au décret précédent et à celui qui organise la levée de 20 000 fédérés.

12 juin :
Le ministère Roland est congédié.

11-21 juillet :
La patrie est déclarée en danger.

25 juillet :
Manifeste de Brunswick menaçant Paris de destruction.

10 août :
Prise des Tuileries et chute de la royauté.

10-11 août :
Convocation d'une Convention, établissement du suffrage universel.

3

La fin de la monarchie
(juin 1791 - août 1792)
Livres IV - VII

La fuite du roi
Livres IV et V

« Par le mélange des genres, ce drame a quelque chose de shakespearien, avec ce souverain ballotté mais figurant aussi une sorte de Falstaff dérisoire » (Michel Vovelle)

Livre IV, chapitre XII

Ce voyage de Varennes fut un miracle d'imprudence. Il suffit de bien poser ce que le bon sens voulait, puis de prendre le contraire ; en suivant cette méthode, si tous les Mémoires périssaient, on retrouverait l'histoire.

D'abord, deux ou trois mois d'avance, la Reine, comme pour avertir du départ, fait commander un trousseau, pour elle, pour ses enfants. Puis, elle fait commander un magnifique nécessaire de voyage, semblable à celui qu'elle avait déjà, meuble compliqué qui contenait tout ce qu'on eût désiré pour un voyage autour du globe. Puis, au lieu de prendre une voiture ordinaire peu apparente, elle chargea Fersen[1] de faire construire une vaste et capace[2] berline, où l'on puisse, devant et derrière, ajuster, échafauder malles, vaches[3], boîtes, tout ce qui fait regarder une voiture sur une route. Ce n'est pas tout, la voiture sera suivie d'une autre où l'on emmènera les femmes. Devant, derrière, galoperont trois gardes du corps en coursiers, vestes neuves d'un jaune éclatant, propres à attirer les yeux, à faire croire, tout au moins par la couleur, que ce sont des gens du prince de Condé, du général des émigrés !... Ces hommes apparemment sont des hommes bien préparés : non, ils n'ont jamais fait la route. Ces gardes apparemment sont des hommes bien déterminés, armés jusqu'aux dents : ils n'ont que de petits couteaux de chasse. Le Roi les avait avertis qu'ils trouveraient des armes dans la voiture. Mais Fersen, l'homme de la Reine, craignant sans doute pour elle les dangers d'une résistance armée, a justement oublié les armes.

Tout cela, c'est le ridicule de l'imprévoyance. Mais voici le triste, l'ignoble. Le Roi se laisse habiller en valet ; il s'affuble d'un habit gris et d'une petite perruque. C'est le valet de chambre Durand. Ce détail humiliant est dans le naïf récit de Madame d'Angoulême[4] ; on le trouve aussi constaté dans le passeport donné à la Reine, et à Mme de Tourzel[5], comme dame russe, baronne de Korff. Ainsi, chose inconvenante, qui elle seule révélait tout, cette dame est si intime avec son valet de chambre, qu'elle le met dans sa voiture, en face d'elle, et genoux contre genoux.

Pitoyable métamorphose ! Que le voilà bien caché !

1. Noble suédois, amoureux de la reine Marie-Antoinette, il tenta en vain de la sauver.
2. Qui a une grande capacité.
3. Paniers revêtus de cuir qu'on place sur les voitures de voyage.
4. Mme d'Angoulême est la fille de Louis XVI.
5. Mme de Tourzel est gouvernante des enfants de France.

et qui le reconnaîtrait !... Disons mieux, maintenant, qui voudra le reconnaître ? La France ? Non, à coup sûr. Si elle le voit ainsi, elle détournera les yeux.

« Vous mettrez, dit Louis XVI, dans la caisse de la voiture l'habit rouge brodé d'or que je portais à Cherbourg... » Ce qu'il cache ainsi dans les coffres aurait été sa défense. L'habit du jour où le Roi de France apparut contre l'Angleterre, au milieu de sa marine, valait mieux pour le sacrer que la sainte ampoule de Reims. Qui eût osé l'arrêter, si, écartant ses vêtements, il eût montré cet habit ?... Il aurait dû le garder, ou plutôt garder le cœur français, comme il l'eût alors.

Dans le récit de Michelet, la fuite du roi n'est qu'une accumulation d'imprudences, d'imprévoyances, de malentendus, de négligences et de hasards malheureux. L'évasion manquée du souverain : un vaudeville mal joué, mais certainement pas une grande journée ! Michelet se plaît à retracer les scènes qui, au lieu d'élever l'action vers l'héroïque, la rabaissent vers le trivial, comme la confrontation du couple royal avec les épiciers Sauce, ses hôtes de Varennes.

Livre IV, chapitre v

« L'effroi de cette situation désespérée avait brisé le Roi, la Reine, affaibli même visiblement leur esprit. Ils priaient l'épicier Sauce, sa femme, comme si ces pauvres gens avaient pu rien faire à la chose. La Reine, assise sur un banc, entre deux caisses de chandelles, essayait de réveiller le bon cœur de l'épicière : "Madame, lui disait-elle, n'avez-vous donc pas des enfants, un mari, une famille !" A quoi l'autre répondait simplement, sans longs discours : "Je voudrais vous être utile. Mais, dame ! vous pensez au Roi, moi je pense à M. Sauce. Chaque femme pour son mari..." »

La lourdeur, la maladresse de Louis XVI, souvent signalées par les historiens, deviennent pour Michelet un signe : le symptôme qu'aucune énergie spirituelle n'anime plus la figure royale ; elle n'est plus que matière. Le prosaïsme royal souligne en contrepoint l'héroïsme du peuple dont toute action est au contraire immédiatement sublimée par le dynamisme de l'esprit.

Paradoxalement, c'est le retour du roi qui prend chez Michelet la dimension d'un événement.

Livre V, chapitre II

De Varennes jusqu'à Paris, dans une route de cinquante lieues, route infiniment lente, qui dura quatre jours entiers, le Roi, dans sa voiture, se vit constamment entouré d'une masse compacte de peuple ; la lourde berline nageait dans une épaisse mer d'hommes, et fendait à peine les flots. C'était comme une inondation de toutes les campagnes voisines qui, tour à tour, sur la route, lançaient des vagues vivantes à cette malheureuse voiture, vagues furieuses, aboyantes, qui semblaient près d'abîmer tout, et pourtant se brisaient là. Ces hommes s'armaient jusqu'aux dents de tout ce qu'ils avaient d'armes, arrivaient chargés de fusils, de sabres et de piques, de fourches et de faulx : ils partaient de loin pour tuer ; de près, ils injuriaient, ils soulageaient leur colère, criaient aux lâches et aux traîtres, suivaient quelque temps, retournaient. D'autres venaient, et toujours d'autres, infatigablement, et ceux-ci non moins ardents, entiers de force et de fureur. Ils criaient, séchaient leurs gosiers, buvaient pour crier encore. Une âpre chaleur de juin exaltait les têtes, le soleil brûlait d'aplomb, poudroyait sur la blanche route, la soulevait en nuages, à travers des forêts de baïonnettes et d'épis.

Maigres épis, pauvre moisson de Champagne pouilleuse ; la vue même de cette moisson si péniblement amenée à bien ne contribuait pas peu à augmenter la fureur des paysans : c'était justement ce moment que le Roi avait choisi pour aller chercher l'ennemi, amener sur nos champs les hussards et les pandours[1], la cavalerie voleuse, mangeuse, outrageuse, gâcher la vie de la France aux pieds des chevaux, assurer la famine pour l'année et l'année prochaine...

Ce fut là le vrai procès de Louis XVI, plus qu'au 21 janvier. Il entendit, quatre jours de suite, de la bouche de tout le peuple, son accusation, sa condamnation. Le sentiment filial de ce peuple, si cruellement trompé, s'était tourné en fureur, et la fureur, exhalée en cris, s'exprimait aussi en reproches d'une accablante vérité, en mots terribles qui tombaient sur la coupable voiture, comme d'impitoyables traits de la justice elle-même.

Près de Sainte-Menehould, les cris redoublèrent encore. Le Roi et la Reine, alarmés, déclarèrent qu'ils s'arrêteraient, qu'ils n'iraient pas plus loin. Un envoyé du conseil municipal de Paris essayait de les rassurer. Ils lui firent promettre, jurer sur sa tête, qu'il ne leur arriverait rien à eux ni aux leurs, ni en route, ni à Paris, et que, pour plus de sûreté, il ne les quitterait pas.

Personne n'en pouvait répondre. La vie de la famille royale semblait tenir à un fil. Parmi tant d'hommes furieux (beaucoup de plus étaient ivres), il était fort à craindre que, de rage aveugle ou d'ivresse, il ne partît au hasard des coups de fusil. Mais la rage se tournait surtout contre ceux qu'on supposait avoir emmené le Roi. MM. de Choiseul et de Damas[2] auraient péri certainement si l'aide de camp de La Fayette* ne se fût fait arrêter avec eux. Les trois gardes du corps qui

1. Nom donné à des troupes irrégulières de la Hongrie, et étendu à toute l'infanterie croate.

2. Colonels de deux régiments de dragons qui tentèrent de couvrir la fuite du roi et se firent arrêter.

revenaient sur le siège de la voiture semblaient morts d'avance ; plusieurs fois les baïonnettes touchèrent leur poitrine ; personne pourtant ne tira sur eux. Il y avait même, au milieu des insultes, un reste d'égards pour le Roi, de la pitié du moins pour son incapacité, pour sa faiblesse connue. Les enfants aussi, qu'on voyait à la portière, désarmaient la foule, étonnaient les plus furieux. Ils arrivaient, ce semble, tout prêts à frapper ; mais ils n'avaient pas songé aux enfants.

Le doux visage de madame Élisabeth[1] lui conservait, à vingt-cinq ans, un charme singulier d'enfance, une quiétude de sainte, étrange dans cette situation. Et la petite princesse, quoiqu'elle eût à quatorze ans quelque chose du port altier de sa mère, tenait d'elle aussi l'éblouissant éclat de la beauté rousse et blonde. Cette foule, c'étaient des hommes (il y avait peu de femmes) ; or il n'y avait pas d'homme, fût-il ivre, fût-il furieux, qui ne se sentît le cœur faible, dès qu'il se trouvait en présence de la jeune fleur.

Les plus furieux, on peut le dire, furent ceux qui partaient du plus loin, ceux qui n'arrivèrent pas à temps, et ne virent point cette famille. Deux faits ici qui ne sont imprimés nulle part, et qui font connaître assez la violente émotion de la France dès qu'elle se sut trahie :

Clouet, des Ardennes, l'un des fondateurs de l'École polytechnique, âpre stoïcien, mais sauvage, et qui n'eût jamais d'autre amour que celui de la patrie, partit sur-le-champ de Mézières, avec son fusil ; il vint à marches forcées, à pied (il n'allait pas autrement), et fit soixante lieues en trois jours, dans l'espoir de tuer le Roi. A Paris, il changea d'idée.

Un autre, jeune menuisier au fond de la Bourgogne (qui plus tard, fixé à Paris, est devenu le père de deux savants distingués), quitta également son pays pour assister au jugement et à la punition du traître.

1. Sœur de Louis XVI.

Accueilli en route chez un maître menuisier, son hôte lui fit comprendre qu'il arriverait trop tard, qu'il ferait mieux de rester, de fraterniser avec lui, et pour cimenter la fraternité il lui fit épouser sa fille.

Un seul homme fut tué dans le retour de Varennes, un chevalier de Saint-Louis, qui, monté comme un saint Georges, vint hardiment caracoler à la portière, au milieu des gens à pied, et démentir par ses hommages la condamnation du Roi par le peuple. Il fallut que l'aide de camp le priât de s'éloigner ; il était trop tard ; il essaya de se tirer de la foule, en ralentissant le pas ; puis, se voyant serré de près, il piqua des deux et se jeta dans les terres. On tira, il répondit ; quarante coups de fusil, tirés à la fois, l'abattirent ; il disparut un moment dans un groupe où on lui coupa la tête. Cette tête sanglante fut inhumainement apportée jusqu'à la portière ; on obtint à grand-peine de ces sauvages qu'ils tinssent éloigné des yeux de la famille royale cet objet d'horreur.

Le premier élan de la guerre hiver 1791-1792

Livre VI, chapitre I

Une inquiète sollicitude de l'intérêt de la patrie, de celui du genre humain, remplit tous les cœurs. Tous se sentirent responsables pour la France, et elle-même pour le monde. Tous furent prêts à défendre, en la Révolution, au prix de leurs vies, le trésor commun de l'humanité.

Voici la pensée, sainte et guerrière, des élections de 91[1]. Elles furent le fait de la France, et non pas spécialement le résultat des intrigues jacobines, comme

1. Élections de l'Assemblée législative.

on l'a tant répété. Les résultats le montrent assez. L'Assemblée, comme la France, se déclara pour la guerre. Les jacobins (du moins la plupart d'entre eux, les meneurs) furent partisans de la paix.

Non, ni la presse, ni les clubs, n'eurent l'influence principale dans ce mouvement immense, tout naïf et tout spontané. S'il fut puissant, ce fut surtout chez le peuple qui ne lit pas, dans les populations dispersées, isolées par la nature de leurs travaux. Tous le trouvèrent en eux-mêmes, dans le sentiment de leur dignité nouvelle, dans leur jeune foi. La pensée qui roulait dans les carrefours des villes, elle surgit aussi du sillon, elle se retrouva la même dans le labour solitaire, et là, peut-être, n'ayant à qui s'exprimer, elle couva avec plus de force. Elle alla toujours fermentant, à mesure que les travaux cessèrent, et qu'on commença, vers novembre, à se rassembler souvent sous les porches de l'église, ou bien le soir aux veillées. Quand on avait parlé deux fois, trois fois de ces choses, tel jeune homme disparaissait, puis tel autre. Ils s'en allaient, malgré la saison, sur la neige, se faire inscrire au district, pour partir le plus tôt possible. « Pas d'armes », leur disait-on. Ils revenaient alors et se mettaient à en faire. En janvier 92, un district de la Dordogne députa à l'Assemblée pour déclarer qu'il avait forgé trois mille piques, et qu'il ne comprenait pas qu'on ne le fît pas partir.

Ainsi, l'automne, ainsi, l'hiver, roula par toute la France, contenu et comme à voix basse, un gigantesque *Ça ira !* Chant vraiment national qui, changeant aisément de rythme, répondit toujours à merveille aux émotions de nos pères. Fraternel en 90, il avait remué le Champ-de-Mars, bâti l'autel de la Patrie. En 91, il tint compagnie aux jeunes volontaires qui, allant demander des armes, le chantaient pour s'encourager dans les mauvaises routes d'hiver. Si le sifflement des vents, le bruissement des clubs, ne vous empêchent d'entendre, vous distinguerez ces premières notes, basses et fortes, du chant héroïque. Il est déjà rapide, ce chant, tout gaillard et tout guerrier ; 92 y va joindre l'élan pressé de la colère. Tout à l'heure, il éclatera avec le fracas des tempêtes.

Le monde commençait à l'entendre, depuis la fuite de Varennes, comme un vaste et profond murmure. L'Assemblée y fermait l'oreille. Les meneurs même de la presse et des clubs n'en avaient pas l'intelligence ; plongés dans ce bruit général, prolongé, sourd et monotone, ils ne l'entendaient pas, justement parce qu'ils l'entendaient toujours. Ils ne devinaient nullement la grande chose, fatale, invincible, qui était au fond de ce bruit : l'ébranlement du grand océan révolutionnaire qui allait franchir son rivage.

Partisans et adversaires de la guerre

La question de la guerre divise en deux camps le parti révolutionnaire. D'un côté les girondins, qui depuis mars 1792 détiennent des postes de ministres, poussent à la guerre. Ils pensent qu'elle mettrait fin au double jeu du roi en l'obligeant à choisir son camp, la Révolution ou les puissances étrangères ; ils espèrent qu'elle relancera les affaires et propagera les idées de la Révolution dans toute l'Europe. De l'autre côté, Robespierre, isolé, tente d'enrayer cette « marche à la guerre » : avant de combattre à l'extérieur des frontières, il faut en terminer avec la contre-Révolution à l'intérieur du pays ; un général victorieux et ambitieux, Dumouriez ou La Fayette, représenterait un danger certain pour les fragiles institutions révolutionnaires.

Pour Michelet, sans hésitation possible, ce sont les girondins qui à cette période défendent l'intérêt national. Leur opinion représente la *volonté générale* car, comme il l'a montré précédemment, la guerre est une idée populaire, un élan de la nature tout entière. Rien d'étrange alors à ce que, contrairement aux historiens actuels, Michelet place la cour dans le camp des adversaires de la guerre. Dans son interprétation de la Révolution, il serait inconcevable que la volonté du Peuple coïncide, ne fût-ce que superficiellement, avec celle du roi.

La déclaration de guerre à l'Autriche 20 avril 1792

Livre VI, chapitre VI

Le même jour, à cinq heures, dans la séance du soir, la discussion est prise immédiatement. L'unanimité, sur cette grande question, était presque acquise d'avance. Ce fut un feuillant[1], Pastoret, qui, le premier, voyant monter ce flot invincible, s'y associa habilement, et proposa le décret de déclaration de guerre. Un autre feuillant, Becquet, essaya d'arrêter l'élan en inquiétant l'Assemblée par le tableau de l'Europe, lui montrant l'Europe peu sûre, l'Espagne menaçant par-derrière, la sédition au-dedans, l'armée indisciplinée, les finances en mauvais ordre. Ce dernier mot donna à Cambon* l'heureuse occasion d'un mot qui éloigna toute crainte : « Nos finances, Monsieur, vous ne les connaissez pas ; nous avons de l'argent plus qu'il n'en faut. » Et déjà il avait dit, le 24 février : « La France a plus de numéraire effectif en caisse qu'aucune puissance de l'Europe. » En réalité, sur les 1 500 millions de biens nationaux vendus jusqu'au 1er octobre 91, le Trésor avait déjà reçu près de 500 millions. De novembre 91 en avril 92, la vente, quoique un peu ralentie, avait été de 360 millions, et il en restait à vendre pour une somme équivalente.

Guadet[2] ajouta au mot de Cambon, que nulle puissance en ce monde ne pouvait présenter une masse comparable à nos quatre millions de gardes nationaux armés ; que nulle n'aurait pu, d'un mot, en lever déjà cent mille, ainsi que nous l'avions fait. Les registres d'inscriptions des départements donnaient, en mars,

1. Le Club des feuillants était composé de députés favorables à la monarchie constitutionnelle, comme La Fayette, Bailly, Lameth, Barnave...

2. Député girondin.

l'étonnant résultat de six cent mille volontaires qui demandaient à partir.

C'était la voix de la France, on ne pouvait la méconnaître. En vain, le feuillant Becquet insista, fit observer que, dans le fait, on allait déclarer la guerre non à l'Autriche, mais au monde, jeter le gant à tous les rois. En vain, le jacobin Bazire, organe en ceci du pur parti jacobin, s'étonna de voir une démarche si grave décidée si légèrement. Il essaya de reprendre le texte ordinaire de Robespierre*, le danger de la trahison. A peine fut-il applaudi de deux ou trois membres et d'autant des gens des tribunes. Personne ne l'écoutait. L'enthousiasme entraînait tout. Il éclata à ce mot du député Mailhe : « Si votre humanité souffre à décréter en ce moment la mort de plusieurs milliers d'hommes, songez aussi qu'en même temps vous décrétez la liberté du monde. »

Aubert Dubayet, une figure éminemment noble et militaire, se leva, prit la parole, saisit vivement l'Assemblée : « Quoi ! l'étranger a l'audace de prétendre nous donner un gouvernement ! Votons la guerre. Dussions-nous tous périr, le dernier de nous prononcerait le décret... Ne craignez rien. Dès que vous aurez décrété la guerre, tous seront bien obligés de se décider, les partis rentreront dans le néant. Les feux de la discorde s'éteindront aux feux du canon et devant les baïonnettes. »

« Oui, votons, dit le vaillant Merlin de Thionville*, votons la guerre aux rois, et la paix aux nations. »

L'Assemblée se leva tout entière ; il n'y eut que sept membres qui restèrent assis. Au milieu d'un tonnerre d'applaudissements, elle vota la guerre à l'Autriche.

Le 20 juin 1792

Livre VI, chapitre VIII

Dans un contexte déjà défavorable de défaites militaires, le roi, usant de son droit de veto, refuse de signer les décrets de l'Assemblée qui prévoient la déportation des prêtres réfractaires reconnus dangereux et la formation d'un camp de fédérés près de Paris. Louis XVI pousse le ministère girondin à démissionner. Autant de causes de mécontentement qui engagent les sections parisiennes à agir pour « amener à la raison monsieur et madame Veto » (Michelet). Les sections décident qu'elles iront présenter des pétitions à l'Assemblée et au roi le 20 juin. Ce jour-là la foule pénètre dans l'Assemblée, lit son adresse, sort et se masse dans le Carrousel, devant les Tuileries.

Il était quatre heures, la foule restait là, dans le Carrousel, immobile, inoffensive, ne sachant ce qu'elle ferait. Mais, voilà Santerre*[1] et Saint-Huruge[2], qui, le défilé fini, arrivent de l'Assemblée : « Pourquoi n'entrez-vous pas ? » crient-ils à la foule. Tous alors, d'ensemble, poussent sur la porte ; on la frappe à coups redoublés : elle est tout ébranlée, elle tremble. On allait tirer dedans un coup de canon. Deux municipaux, voulant éviter une résistance inutile, ordonnèrent, ou du moins permirent qu'on relevât la bascule qui tenait les deux battants. La foule se précipita.

Santerre, Legendre*[3] et Saint-Huruge étaient à la tête. Derrière eux, venait un canon. Au pavillon de

1. Brasseur au faubourg Saint-Antoine, commandant général de la Garde nationale. (Voir Index.)

2. Agitateur qui s'intitulait lui-même « généralissime des sans-culottes ».

3. Boucher, proche de Danton et de Marat, très populaire. (Voir Index.)

l'Horloge, au bas même de l'escalier, un groupe de gardes nationaux et de citoyens firent face courageusement, s'en prenant au seul Santerre : « Vous êtes un scélérat, vous égarez ces braves gens ; toute la faute est à vous... » Santerre regarda Legendre, qui l'encouragea des yeux. Alors, se tournant vers sa troupe, il dit ironiquement : « Dressez procès-verbal du refus que je fais de marcher à votre tête dans les appartements du Roi. » Sans s'arrêter davantage, la foule renversa tout, et tel fut son élan que, malgré sa pesanteur, le canon qu'on traînait se trouva en un seul moment monté au haut de l'escalier.

[...]

Voilà donc la foule maîtresse. Elle est arrivée, avec son canon, au haut du grand escalier. Là, des officiers municipaux en écharpe demandent aux envahisseurs ce qu'ils comptent faire de cette artillerie. Croient-ils, par une telle violence, obtenir quelque chose du Roi ? — Cette observation les frappe : « C'est vrai, disent-ils la plupart, c'est vrai ; nous avons eu tort ; nous en sommes vraiment fâchés. » Et ils retournèrent la pièce, voulant la descendre. Malheureusement, voilà l'essieu accroché dans une porte. On ne peut plus avancer ni reculer. Le municipal bancroche[1], le petit Mouchet, s'entremet, donne des ordres. Les sapeurs taillent, coupent le chambranle de la porte, dégagent la pièce, qui est descendue.

Telle était la confusion que ceux d'en-bas qui n'avaient pas vu monter le canon croyaient qu'on l'avait trouvé dans les appartements, et criaient qu'on avait voulu mitrailler le peuple.

La colonne pénètre sans obstacle jusqu'à l'Œil-de-Bœuf[2], qui était fermé. Il fallait l'ouvrir en hâte, plutôt

1. Qui a les jambes tordues.

2. Grande pièce servant de vestibule à la chambre de parade appelée l'Œil-de-Bœuf par analogie avec l'antichambre de ce nom à Versailles.

que de le laisser forcer. Un officier supérieur de la garde nationale pénétra par une autre entrée, avertit la famille royale, pria le Roi de se montrer. Le Roi y consentit sans peine, et se présenta. Sa sœur, Madame Élisabeth, ne voulut point le quitter.

Au moment où cette foule armée remplit tout l'appartement, le Roi s'écria : « A moi, quatre grenadiers ! » Il y en avait heureusement quelques-uns, qui, du dedans, avaient pénétré. C'étaient des gardes nationaux, des marchands du quartier Saint-Denis, bonnes gens qui se montrèrent très bien. Ils se jetèrent devant le Roi, en tirant leurs sabres ; mais il les fit rengainer.

Un témoin oculaire, M. Perron, dit qu'en général le peuple ne témoignait aucune malveillance. On distinguait cependant, parmi les cris confus, des injonctions menaçantes : « A bas le Veto ! Rappelez les ministres[1] ! »

La foule s'ouvre, et laisse arriver Legendre ; le bruit cesse ; le boucher, d'une voix émue et colérique, s'adressant au Roi : « Monsieur !... » A ce mot, qui est déjà une sorte de déchéance, le Roi fait un mouvement de surprise... « Oui, Monsieur, reprend fermement Legendre ; écoutez-nous, vous êtes fait pour nous écouter... Vous êtes un perfide ; vous nous avez toujours trompés ; vous nous trompez encore... Mais prenez garde à vous ; la mesure est à son comble ; le peuple est las de se voir votre jouet. » — Puis, il lut une pétition violente, au nom du peuple souverain. — Le Roi parut impassible et répondit : « Je suis votre Roi. Je ferai ce que m'ordonnent de faire les lois et la Constitution. »

[...]

A tous ceux qui l'apostrophaient, il répondait : « Qu'il ne s'était jamais écarté de la Constitution », se réfugiant dans la littéralité judaïque[2] d'un acte dont il faussait l'esprit. Bien plus, un des assistants lui présen-

1. Les ministres girondins.
2. Dans une fidélité scrupuleuse au texte et non à son esprit.

tant de loin, au moyen d'un bâton, le bonnet de l'égalité, le Roi, sans hésitation, étendit la main pour le prendre. Puis, apercevant une femme qui tenait une épée ornée de fleurs et d'une cocarde tricolore, le Roi demanda la cocarde, et l'attacha au bonnet rouge. Cela toucha fort le peuple. Ils crièrent de toutes leurs forces : « Vive le Roi ! Vive la nation ! » Et le Roi, avec les autres, criait : « Vive la nation ! » et levait son bonnet en l'air. — Il amusait la foule, et refusait obstinément la sanction des décrets.

[...]

La foule cependant avait pénétré dans les appartements, observant curieusement ces lieux, si nouveaux pour elle, épiloguant parfois en paroles plus grossières qu'hostiles ou violentes. A la chambre du lit, par exemple, ils disaient tous : « Le gros Veto a un bon lit, meilleur, ma foi, que le nôtre. »

La Reine était restée dans la chambre du conseil, réfugiée dans l'embrasure d'une fenêtre, protégée par une table massive qu'on avait roulée devant elle. Le ministre de la Guerre, Lajard, avait réuni dans la salle une vingtaine de grenadiers. Elle avait près d'elle sa fille et Mme de Lamballe* avec quelques autres dames ; devant elle, assis sur la table, le petit dauphin. C'était la meilleure défense contre la foule qui passait. Presque tous éprouvaient un respect inattendu, plusieurs même un subit changement de cœur, en présence de cette mère, de cette reine, vraiment fière et digne. Parmi les femmes les plus violentes une fille s'arrête un moment et vomit mille imprécations. La Reine, sans s'étonner, lui demande si elle lui a fait quelque tort personnel : « Aucun, dit-elle, mais c'est vous qui perdez la nation. — On vous a trompée, dit la Reine. J'ai épousé le roi de France, je suis la mère du dauphin, je suis Française, je ne reverrai jamais mon pays. Je ne puis être heureuse ou malheureuse qu'en France ; j'étais heureuse quand vous m'aimiez. » — Voilà la fille qui pleure : « Ah ! Madame, pardonnez-moi, je ne vous connaissais pas, je vois que vous êtes bonne. »

On avait affublé le pauvre petit dauphin d'un énorme bonnet rouge qui l'accablait de chaleur. Santerre lui-même, en passant, fut touché et le lui ôta : « Ne voyez-vous pas, dit-il, que l'enfant étouffe sous ce bonnet ? »

Enfin, arriva Pétion*[1], il était six heures. « Sire, dit-il, je viens d'apprendre à l'instant... — Cela est bien étonnant, dit le Roi, il y a deux heures que cela dure. » — En réalité, on ne pouvait accuser le maire du retard. Il est constaté authentiquement qu'il n'était guère averti que depuis une heure, qu'à l'instant même il était monté en voiture avec Sergent[2] et autres municipaux ; mais que, dans les cours, dans les escaliers, les appartements, il n'avait pu pénétrer qu'en jetant sur son chemin une succession de harangues. Il fallut les derniers efforts pour l'insérer et le lancer dans la masse compacte qui environnait le Roi.

Arrivé enfin, « fort entrepris et fort essoufflé », dit un témoin oculaire, on le hissa dans un fauteuil sur les épaules des grenadiers. Il parla avec sa placidité naturelle, toutefois assez nettement : « Citoyens, vous avez présenté votre pétition, vous ne pouvez aller plus loin. Le Roi ne peut ni ne doit répondre à une pétition présentée à main armée. Il verra, dans le calme, ce qu'il a à faire. Vous serez imités des départements, et le Roi ne pourra se dispenser d'acquiescer au vœu du Peuple. » *(Applaudissements de la foule.)*

Un grand blond de vingt-cinq ans s'avance alors furieux, et crie à tue-tête : « Sire, sire, au nom de cent mille âmes qui sont là, le rappel des ministres patriotes et la sanction des décrets ! ou vous périrez ! » — A quoi le Roi répondait froidement : « Vous vous écartez de la loi ; adressez-vous aux magistrats du peuple. »

1. Maire de Paris. (Voir Index.)
2. Officier municipal.

Pétion ne disait rien. Un des municipaux le pressa de renvoyer le peuple, ajoutant que sa conduite serait jugée par l'événement. Il se décida alors : « Retirez-vous, citoyens, si vous ne voulez compromettre vos magistrats... Le peuple a fait ce qu'il devait faire. Vous avez agi avec la fierté et la dignité d'hommes libres. Mais c'est assez, retirez-vous. » — Et le Roi ajouta avec un sérieux comique, et beaucoup de présence d'esprit : « J'ai fait ouvrir les appartements ; le peuple, défilant du côté de la galerie, aura le plaisir de les voir. »

La curiosité entraîna beaucoup de gens. La salle se vidait déjà, lorsque arriva une députation de vingt-quatre représentants. Le Roi leur dit : « Je remercie l'Assemblée ; je suis tranquille au milieu des Français. » En répétant le geste qu'il avait fait d'abord, il prit la main d'un garde national, la mit sur son cœur, et dit : « Vous le voyez, je suis tranquille. »

Alors, entouré de députés, de gardes nationaux, protégé par leur commandant, il se dirigea brusquement vers une porte dérobée, tout près de la cheminée, s'y jeta. Elle fut sur-le-champ refermée sur lui.

Un peu après, la Reine montrait à la députation l'état effroyable de l'appartement, les portes brisées. Elle s'aperçut qu'un député, l'ardent Merlin de Thionville* avait les larmes aux yeux. Il s'en excusa vivement : « Je pleure, oui, Madame, je pleure, mais sur les malheurs d'une femme sensible et belle, d'une mère... Ce n'est pas sur la reine. Je hais les reines et les rois... Telle est ma religion. »

Le Roi, rentré dans ses appartements, gardait, sans s'en apercevoir, le bonnet rouge qu'il avait pris. Ce bonnet, trop petit pour entrer dans sa tête, était resté sur ses cheveux. On le lui fit remarquer, et rien ne lui fut plus sensible ; il le jeta violemment à ses pieds, s'indignant, dans cette journée, où du reste il fut héroïque, de retrouver sur lui ce signe de duplicité.

Récit parallèle

C'est certainement en pensant aux grandes pages de l'*Histoire de la Révolution française* que Flaubert écrit le passage de *L'Éducation sentimentale* consacré à l'irruption du peuple dans les Tuileries, en février 1848. Mais bien qu'il admirât beaucoup l'historien en qui il voyait « notre seul romantique », Flaubert donne en quelque sorte une version antithétique, voire démystificatrice, du récit à la Michelet, de son pathos et de son idéalisation.

« Et ils arrivèrent dans la salle des Maréchaux. Les portraits de ces illustres, sauf celui de Bugeaud percé au ventre, étaient tous intacts. Ils se trouvaient appuyés sur leur sabre, un affût de canon derrière eux, et dans des attitudes formidables jurant avec la circonstance. Une grosse pendule marquait une heure vingt minutes.
Tout à coup *La Marseillaise* retentit. Hussonnet et Frédéric se penchèrent sur la rampe. C'était le peuple. Il se précipita dans l'escalier, en secouant à flots vertigineux des têtes nues, des casques, des bonnets rouges, des baïonnettes et des épaules, si impétueusement, que des gens disparaissaient dans cette masse grouillante qui montait toujours, comme un fleuve refoulé par une marée d'équinoxe, avec un long mugissement, sous une impulsion irrésistible. En haut, elle se répandit, et le chant tomba.
On n'entendait plus que les piétinements de tous les souliers, avec le clapotement des voix. La foule inoffensive se contentait de regarder. Mais, de temps à autre, un coude trop à l'étroit enfonçait une vitre ; ou bien un vase, une statuette déroulait d'une console, par terre. Les boiseries pressées craquaient. Tous les visages étaient rouges, la sueur en coulait à larges gouttes ; Hussonnet fit cette remarque :
« Les héros ne sentent pas bon !
— Ah ! vous êtes agaçant », reprit Frédéric.
Et poussés malgré eux, ils entrèrent dans un appartement où s'étendait, au plafond, un dais de velours rouge. Sur le trône en dessous, était assis un prolétaire à barbe noire, la chemise entrouverte, l'air hilare et stupide comme un magot. D'autres gravissaient l'estrade pour s'asseoir à sa place.
« Quel mythe ! dit Hussonnet. Voilà le peuple souverain ! »
Le fauteuil fut enlevé à bout de bras, et traversa toute la salle en se balançant.
« Saprelotte ! comme il chaloupe ! Le vaisseau de l'État est ballotté sur une mer orageuse ! Cancane-t-il ! cancane-t-il ! »
On l'avait approché d'une fenêtre, et, au milieu des sifflets, on le lança.

« Pauvre vieux ! » dit Hussonnet en le voyant tomber dans le jardin, où il fut repris vivement pour être promené ensuite jusqu'à la Bastille, et brûlé.

Alors, une joie frénétique éclata, comme si, à la place du trône, un avenir de bonheur illimité avait paru ; et le peuple, moins par vengeance que pour affirmer sa possession, brisa, lacéra les glaces et les rideaux, les lustres, les flambeaux, les tables, les chaises, les tabourets, tous les meubles, jusqu'à des albums de dessins, jusqu'à des corbeilles de tapisserie. Puisqu'on était victorieux, ne fallait-il pas s'amuser ! La canaille s'affubla ironiquement de dentelles et de cachemires. Des crépines d'or s'enroulèrent aux manches des blouses, des chapeaux à plumes d'autruche ornaient la tête des forgerons, des rubans de la Légion d'honneur firent des ceintures aux prostituées. Chacun satisfaisait son caprice ; les uns dansaient, d'autres buvaient. Dans la chambre de la reine, une femme lustrait ses bandeaux avec de la pommade ; derrière un paravent, deux amateurs jouaient aux cartes ; Hussonnet montra à Frédéric un individu qui fumait son brûle-gueule accoudé sur un balcon ; et le délire redoublait son tintamarre continu des porcelaines brisées et des morceaux de cristal qui sonnaient, en rebondissant, comme des lames d'harmonica.

Puis la fureur s'assombrit. Une curiosité obscène fit fouiller tous les cabinets, tous les recoins, ouvrir tous les tiroirs. Des galériens enfoncèrent leurs bras dans la couche des princesses, et se roulaient dessus par consolation de ne pouvoir les violer. D'autres, à figures plus sinistres, erraient silencieusement, cherchant à voler quelque chose ; mais la multitude était trop nombreuse. Par les baies des portes, on n'apercevait dans l'enfilade des appartements que la sombre masse du peuple entre les dorures, sous un nuage de poussière. Toutes les poitrines haletaient ; la chaleur de plus en plus devenait suffocante ; les deux amis, craignant d'être étouffés, sortirent.

Dans l'antichambre, debout sur un tas de vêtements, se tenait une fille publique, en statue de la Liberté — immobile, les yeux grands ouverts, effrayante.

L'Éducation sentimentale, IIIe partie, ch. I.

La proclamation du danger de la patrie 12 juillet 1792

Livre VI, chapitre IX

Face au péril extérieur, l'Assemblée proclame la patrie en danger, *le 11 juillet 1792.*

« Nos armées ne sont point encore portées au complet, une imprudente sécurité a modéré trop tôt les élans du patriotisme, les recrutements ordonnés n'ont pas eu un succès aussi entier que vos représentants l'avaient espéré. Des troubles intérieurs augmentent la difficulté de notre position ; nos ennemis se livrent à de folles espérances, qui sont pour vous un outrage.

« Hâtez-vous, citoyens, sauvez la liberté et vengez votre gloire !

« L'Assemblée nationale déclare que la patrie est en danger... »

(Extrait du texte de la Déclaration.)

C'est faire appel à l'ensemble de la nation, citoyens actifs et passifs *confondus, pour défendre le pays et participer à la vie politique ; donc laisser se radicaliser le mouvement populaire.*

Le dimanche 12 juillet, à six heures du matin, les canons placés au Pont-Neuf commencèrent à tirer, et continuèrent d'heure en heure, jusqu'à sept heures du soir. Un canon de l'Arsenal répondait et faisait écho.

Toute la garde nationale, en ses six légions, réunie sous ses drapeaux, s'assembla autour de l'Hôtel de Ville ; et l'on y organisa les deux cortèges qui devaient porter dans Paris la proclamation. Chacun avait en tête un détachement de cavalerie, avec trompettes, tambours, musique et six pièces de canon. Quatre huissiers à cheval portaient quatre enseignes : Liberté, Égalité, Constitution, Patrie. Douze officiers municipaux, en écharpes, et derrière, un garde national à cheval portant une grande bannière tricolore, où étaient ces mots : « Citoyens ! la patrie est en danger. » — Puis venaient encore six pièces de canon et un détachement de garde nationale. La marche était fermée par la cavalerie.

La proclamation se fit sur les places et sur les ponts. A chaque halte, on commandait le silence en agitant des banderoles tricolores et par un roulement de tambours. Un officier municipal s'avançait et, d'une voix grave, lisait l'acte du corps législatif, et disait : « La patrie est en danger. »

Cette solennité était comme la voix de la nation, son appel à elle-même. A elle, maintenant, de voir ce qu'elle avait à faire, ce qu'elle avait dans le cœur de dévouement et de sacrifice, de voir qui voulait combattre, défendre cet immense patrimoine de libertés conquis hier, qui voulait sauver la France et l'espérance du monde.

Des amphithéâtres avaient été dressés sur toutes les grandes places, comme au parvis Notre-Dame, pour recevoir les enrôlements. Des tentes étaient placées sous des banderoles tricolores et des couronnes de chêne ; sur le devant une table simplement jetée sur deux caisses de tambour. Des municipaux, avec six notables, siégeaient pour écrire, et donner aux enrôlés leurs certificats ; à droite, à gauche, les drapeaux gardés par les hommes de leurs bataillons.

L'amphithéâtre était isolé et défendu par un grand cercle de citoyens armés, et deux pièces de canon. La musique était au centre, et faisait entendre des hymnes guerriers et patriotiques.

On avait bien fait d'entourer ainsi les amphithéâtres. La foule s'y précipitait. Le cercle des factionnaires suffisait à peine à la repousser. Tous voulaient arriver ensemble, et être inscrits d'une fois. On les contenait, on les écartait, pour régler l'inscription ; quelques-uns seulement passaient, qui gravissaient impatients les escaliers, se pressaient aux balustrades ; à mesure, d'autres venaient, les inscrits redescendaient, et allaient gaiement s'asseoir dans le grand cercle de la place, chantant avec la musique, et caressant les canons.

Un journaliste se plaint de n'avoir pas vu *plus de piques*, autrement dit plus d'hommes de la classe inférieure. Tout était mêlé ici ; il n'y avait ni haut ni bas, ni inférieurs ni supérieurs ; c'étaient des hommes, voilà tout, c'était la France entière qui se précipitait aux combats.

Il en venait de tout petits, qui tâchaient de prouver qu'ils avaient seize ans, et qu'ils avaient droit de partir. L'Assemblée, par grâce, avait abaissé jusqu'à cet âge la faculté de s'enrôler.

Il y avait des hommes mûrs, des hommes déjà grisonnants, qui ne voulaient pour rien au monde laisser une telle occasion, et plus lestes que les jeunes, partaient devant pour la frontière. On vit des choses étranges. Au fond de la basse Bretagne, le bonhomme La Tour d'Auvergne, très mûr d'âge, déjà retiré, laisse un matin les belles antiquités celtiques qui faisaient tout son bonheur, s'en va embrasser son maître, un vieux savant celtomane, part sans autre viatique que sa chère grammaire bretonne qu'il portait sur sa poitrine, et qui le sauva des balles. Il entra, lui aussi, dans ces bandes, enrôlé de cinquante ans, et se mit héroïquement à former cette jeunesse.

Personne ne voyait ces choses sans émotion. La jeune audace de ces enfants, le dévouement de ces hommes qui laissaient là tout, sacrifiaient tout, tiraient les larmes des yeux. Tels pleuraient, se désespéraient de ne pouvoir partir aussi. Les partants chantaient et dansaient, lorsque les municipaux les menaient le soir à l'Hôtel de Ville. Ils disaient à la foule émue : « Chantez donc aussi, vous autres ! criez : Vive la nation ! »

L'élan fut tel, la fermentation si grande, les cœurs et les imaginations si puissamment ébranlées, que ceux même qui venaient de décréter la Déclaration du danger de la patrie ne furent pas sans inquiétude ; ils s'effrayèrent de leur ouvrage.

Le 10 août 1792

Livre VII, chapitre IX

Malgré le veto royal, les bataillons de fédérés convergent vers Paris. Le manifeste de Brunswick, connu à Paris le 3 août, exaspère les Français et prouve la solidarité du roi avec l'ennemi étranger. 47 sections sur 48 demandent la déchéance du roi et appellent à l'insurrection s'il ne leur est pas donné satisfaction avant le 9 août. Le soir du 9 août, le tocsin sonne, une commune insurrectionnelle se constitue à l'Hôtel de Ville. Le 10 août au matin, Louis XVI et sa famille quittent le palais et se réfugient à l'Assemblée. Les sectionnaires et les fédérés s'avancent vers les Tuileries défendues par une garnison de Suisses et quelques gentilshommes.

Ceux qui entrèrent étaient ces impatients dont nous avons parlé, ces hommes à piques qui étaient partis en avant, et qui, sur la route, avaient augmenté jusqu'au nombre de deux ou trois mille. Ils arrivèrent, sans s'arrêter, tout courants, au vestibule. Là enfin, ils regardèrent. Ce vestibule du palais, bien plus vaste qu'aujourd'hui, était vraiment imposant. Le grand escalier qui montait majestueusement à la chapelle, puis en retour aux appartements, était, sur chaque marche, chargé d'une ligne de Suisses. Immobiles, silencieux, du haut en bas de l'escalier, ils couchaient en joue la foule des assaillants. Quelles étaient les dispositions de ces Suisses ? Bien diverses, difficiles à dire. Beaucoup, sans nul doute, désiraient de ne pas tirer. Un grand nombre de ces soldats étaient du canton de Fribourg, quelques-uns Vaudois sans doute, c'est-à-dire Français, Français de langue, Français de caractère. Nul doute qu'il ne leur semblât odieux, impie de tirer sur leur vraie patrie, la France.

Un moment avant l'irruption, des canonniers de la garde nationale étaient venus trouver ces pauvres Suisses qui, avec beaucoup de larmes, s'étaient jetés dans leurs bras. Deux même n'hésitèrent pas à laisser là le château et suivre nos canonniers. Ils étaient sous le balcon d'où les voyaient leurs officiers. Ils furent tirés, et avec une si remarquable justesse que les deux Suisses tombèrent, sans que les Français eussent été touchés.

Forte leçon pour les autres. La discipline aussi sans doute, l'honneur du drapeau, le serment, les retenaient immobiles. La foule des assaillants, voyant ces hommes de pierre, n'eut aucune peur, mais se mit à rire. Elle leur lança des brocards, mais les Suisses ne riaient pas. On aurait pu douter qu'ils fussent vraiment en vie. Le gamin s'enhardit vite, et tout le peuple parisien est gamin sous ce rapport. Ceux-ci, avec douze mauvais fusils, des piques et des broches, n'étaient point pour engager le combat avec cette troupe de Suisses armés jusqu'aux dents. Ils savaient que plusieurs Suisses avaient essayé de passer du côté de la garde nationale ; ils résolurent d'aïder à leur bonne volonté. Quelques-uns qui avaient des crocs au bout d'un bâton, s'avisèrent de jeter aux soldats cette espèce de hameçon, d'en accrocher un, puis deux, par leurs uniformes ; ils les tiraient à eux avec de grands éclats de rire. La pêche aux Suisses réussit. Cinq se laissèrent prendre ainsi sans faire résistance. Les officiers commencèrent à craindre une sorte de connivence entre les attaqués et les attaquants, et ils ordonnèrent le feu.

On vit alors toute la force de la discipline. Ils

Arrivée du roi à Paris. Retour de Varennes.

tirèrent sans hésiter. L'effet de ces feux, étagés du haut en bas de l'escalier, et qui plongeaient tous ensemble et presque à bout portant sur une même masse vivante, fut épouvantable. Il n'y eut jamais dans un lieu si étroit un si terrible carnage. Tout coup fut mortel. La masse chancela tout entière et s'affaissa sur elle-même. Nul de ceux qui entrèrent sous le vestibule n'en sortit. Les seuls récits que nous ayons sont ceux des royalistes qui étaient sur l'escalier. Deux heures après, un des assaillants qui traversa le vestibule, et vit cette montagne de morts, dit qu'on était offusqué de l'odeur de boucherie et qu'on ne respirait pas.

Il ne faut pas demander si ceux qui étaient dans la cour s'enfuirent à toutes jambes. Ils ne purent le faire si vite qu'ils ne fussent criblés au passage du feu des baraques qui serraient la cour de droite et de gauche ; elles étaient pleines de soldats. Ce fut, à la lettre, la chasse à l'affût ; les chasseurs avaient le gibier au bout du fusil, et pouvaient choisir. Trois ou quatre cents hommes périrent dans ce fatal défilé sans riposter d'un seul coup.

Deux sorties se firent à la fois de ce palais meurtrier, une des Suisses, au centre, sous le pavillon de l'Horloge, une autre des gentilshommes qui s'élancèrent du pavillon de Flore, poussèrent toute la déroute loin du quai, vers les petites rues du Louvre, et la rue Saint-Honoré. Les Suisses, se formant en bataille dans le Carrousel, et faisant feu de toutes parts, criblèrent la queue des fuyards, et toute la place fut encore semée de cadavres.

Le château se crut vainqueur, s'imagina avoir écrasé l'armée de l'insurrection ; mais c'était seulement l'avant-garde. Au milieu même du feu, pendant que les Suisses tiraient encore sur la foule entassée au passage étroit des rues, M. d'Hervilly se jette à eux, sans chapeau, sans armes : « Ce n'est pas cela, dit-il, il faut vous porter à l'Assemblée, près du Roi. » Le vieux Vioménil[1] criait : « Allez, braves Suisses, allez ; sauvez le Roi ; vos ancêtres l'ont sauvé plus d'une fois. »

Rœderer[2] pensa alors (plusieurs des acteurs du 10 août pensent encore aujourd'hui) que ce moment était prévu, et que la Cour avait, dans cette espérance, voulu le combat. L'insurrection écrasée, ou du moins découragée par la vigueur du premier coup, la garnison se repliait sur l'Assemblée nationale ; on la proclamait dissoute ; le Roi, enveloppé de troupes, sortait de Paris, fuyait à Rouen, où on l'attendait, se retrouvait Roi. Jamais la Reine, je le pense, si elle ne se fût crue sûre de son fait, n'eût laissé aux Tuileries tant de serviteurs dévoués. Elle attendait, dans l'Assemblée, pâle et palpitante, le succès de ce violent coup de Jarnac frappé sur la Révolution. L'Assemblée elle-même, un moment, se crut à sa dernière heure, au moment d'être massacrée, tout au moins prisonnière du Roi qu'elle avait sauvé dans son sein.

Et cependant, bien loin que la contre-Révolution eût vaincu, la Révolution marchait. La jonction de Saint-Antoine et de Saint-Marceau[3] s'était faite au Pont-Neuf. On pouvait, du pavillon de Flore, voir au Levant, déjà au quai du Louvre, l'armée vengeresse du peuple, la forêt de ses baïonnettes, flamboyante des feux du matin.

Louis XVI, réfugié à l'Assemblée, assiste de la loge du logographe à la séance qui doit décider de sa déchéance. A dix heures, il envoie l'ordre aux défenseurs des Tuileries de cesser le feu. Mais le combat a déjà été meurtrier pour les deux camps. Vergniaud propose la suspension du pouvoir exé-*

1. Hervilly et Vioménil étaient des gentilshommes royalistes restés aux Tuileries.
2. Procureur syndic de la Commune qui avait conduit le Roi et sa famille à l'Assemblée.
3. Faubourgs insurrectionnels.

cutif et la convocation d'une nouvelle assemblée, la Convention, qui statuera sur le sort du souverain. En attendant, Louis XVI sera placé sous bonne garde dans la vieille forteresse du Temple.

La Commune, par l'organe de son procureur, Manuel*, déclara à l'Assemblée que si l'on mettait le Roi au Luxembourg, ou, comme on voulait encore, au ministère de la Justice, elle n'en répondait plus. L'Assemblée lui donna le soin de choisir le lieu, et elle choisit le Temple, donjon isolé, vieille tour, dont on refit le fossé. Cette tour, basse, forte, sombre, lugubre, était l'ancien Trésor de l'ordre des Templiers. C'était, depuis longtemps, un lieu délabré, à peu près abandonné. Lieu marqué d'une bizarre fatalité historique. La royauté y brisa le Moyen Age, par la main de Philippe le Bel. Et elle-même y revint brisée avec Louis XVI. Cette laide tour, dont on ne savait guère le sens ni l'ancienne destination, se trouvait là tout étrange, comme un hibou au grand soleil, dans un quartier fort populeux. C'était, comme aujourd'hui, du reste, un quartier d'industrie pauvre, de commerce misérable, de revendeurs, de brocanteurs, de petits métiers exercés par des fabricants ouvriers eux-mêmes. L'enclos du Temple s'était d'autant plus aisément peuplé de ces petites industries qu'il recevait les ouvriers sans patente, non autorisés, qui, sous l'abri de l'antique privilège du lieu, vendaient librement aux pauvres du mauvais, du vieux, tellement quellement[1] rajusté. Cet enclos, par un effet de ce triste privilège, avait aussi servi d'asile aux banqueroutiers effrontés, qui, selon la loi énergique du Moyen Age, payaient leurs dettes sans argent, *« en prenant le bonnet vert, et frappant du cul sur la pierre »*. Chute rapide et cruelle, Louis XVI, encore

1. Tant bien que mal.

roi le 10, s'il demeurait au Luxembourg, résidence ordinaire des princes — prisonnier avoué le 11, s'il était mis sous la clef du ministère de la Justice —, semblait au Temple le captif de la faillite royale et le banqueroutier de la monarchie.

Chronologie sommaire des événements évoqués dans la quatrième partie

2-6 septembre 1792 :
Massacres dans les prisons.

20 septembre :
Victoire de Valmy.

21 septembre :
Abolition de la royauté.

Octobre :
Retraite des Prussiens.

6 novembre :
Victoire de Jemmapes.

4

Violence et victoires révolutionnaires
(septembre-novembre 1792)

Livres VII et VIII

Les massacres de Septembre
2-6 septembre 1792

Livre VII, chapitres V et VI

Le péril extérieur augmente, l'invasion progresse (prise de Longwy, de Verdun). La désertion de La Fayette (19 août), une tentative de soulèvement en Vendée, ajoutent la hantise de la trahison à la haine de l'ennemi extérieur. Paris se retranche, on procède à des visites domiciliaires, on arrête quelque 3 000 suspects. Dans un climat de « Grande Peur » urbaine, la rumeur court que les détenus vont se soulever.

Les massacres commencent dans un Paris que la nouvelle de la reddition de Verdun a fini d'affoler. Michelet en rejette presque toute la responsabilité sur la Commune et en particulier sur

Marat, nommé membre du Comité de surveillance le 2 septembre.*

La foule met d'abord à mort des prêtres réfractaires que l'on conduisait à la prison de l'Abbaye. Puis, dans la journée du 2 septembre, le massacre s'étend de prison en prison. Dans le récit de Michelet, la nuit, le vin, le sang, les torches, la peur, la cruauté, la folie, nous plongent dans l'envers dionysiaque des lumineuses journées de juillet 1789 et 1790.

CHAPITRE V

Le 2, au soir, pendant qu'on discute ainsi chez Pétion* les moyens possibles de calmer le peuple, le massacre continue aux Carmes et à l'Abbaye[1]. Aux Carmes, on avait tué d'abord les évêques et vingt-trois prêtres, réfugiés dans la petite chapelle qui est au fond du jardin. D'autres, qui fuyaient par tout le jardin ou tâchaient de passer par-dessus les murs, étaient poursuivis, tirés avec des risées cruelles. A l'Abbaye, on massacrait une trentaine de Suisses et autant de gardes du Roi. Nul moyen de les sauver. Manuel*, qui était fort aimé, vint de la Commune, prêcha, fit les derniers efforts, et il eut la douleur de voir le peu que sert l'amour du peuple. Il ne s'en fallut guère que les furieux ne missent la main sur lui. L'Assemblée avait envoyé aussi plusieurs de ses membres les plus populaires : le bon vieux Dussaulx, dont la noble figure militaire, les beaux cheveux blancs, pouvaient rappeler au peuple son temps d'héroïque pureté, la prise de la Bastille ; Isnard* aussi, l'orateur de la guerre, aux brûlantes paroles. On leur avait adjoint un héros de la populace, violent, grivois, fait pour répondre aux

1. Prisons dans lesquelles étaient incarcérés beaucoup de prêtres réfractaires.

mauvaises passions, pour les modérer peut-être en les partageant ; je parle du capucin Chabot[1].

Tout cela fut inutile. La foule était sourde et aveugle ; elle buvait de plus en plus, de moins en moins comprenait. La nuit venait ; les sombres cours de l'Abbaye devenaient plus sombres. Les torches qu'on allumait faisaient paraître plus obscur ce qu'elles n'éclairaient pas de leurs funèbres lueurs. Les députés, au milieu de ce tumulte effroyable, n'étaient nullement en sûreté. Chabot tremblait de tous ses membres. Il a assuré plus tard qu'il croyait avoir passé sous une voûte de dix mille sabres. Tout menteur qu'il fût d'habitude, je crois volontiers qu'il n'a pas menti. L'éblouissement de la peur lui aura multiplié à l'infini les objets. Du reste, il suffit de voir le lieu de la scène, les cours de l'Abbaye, le parvis de l'église, la rue Sainte-Marguerite, pour comprendre que quelques centaines d'hommes remplissent surabondamment ce lieu très étroit, resserré de tout côté.

Ce qui commençait à donner un caractère terrible au massacre, c'est que, par cela même que la scène était resserrée, les spectateurs mêlés à l'action, touchant presque le sang et les morts, étaient comme enveloppés du tourbillon magnétique qui emportait les massacreurs. Ils buvaient avec les bourreaux, et le devenaient. L'effet horriblement fantastique de cette scène de nuit, ces cris, ces lumières sinistres, les avaient fascinés d'abord, fixés à la même place. Puis le vertige venait, la tête achevait de se prendre, les jambes et les bras suivaient, ils se mettaient en mouvement, entraient dans cet affreux sabbat, et faisaient comme les autres.

1. Moine au couvent des capucins de Rodez, il fut un des premiers à abandonner son couvent et à adhérer à la Constitution civile du Clergé. Député à la Législative, puis à la Convention. Affiche des opinions de violent sans-culotte. Sera condamné en même temps que Danton pour prévarication.

Dès qu'une fois ils avaient tué, ils ne se connaissaient plus, et voulaient toujours tuer. Un même mot revenait sans cesse dans les bouches hébétées : « Aujourd'hui, il faut en finir. » Et par là, ils n'entendaient pas seulement tuer les aristocrates, mais en finir avec tout ce qu'il y avait de mauvais, purger Paris, n'y rien laisser au départ qui pût être dangereux, tuer les voleurs, les faux-monnayeurs, les fabricateurs d'assignats, tuer les joueurs et les escrocs, tuer même les filles publiques... Où s'arrêterait le meurtre sur cette pente effroyable ? Comment borner cette fureur d'épuration absolue ? Qu'arriverait-il, et qui serait sûr de rester en vie, si, par-dessus l'ivresse de l'eau-de-vie et l'ivresse de la mort, une autre agissait encore, l'ivresse de la justice, d'une fausse et barbare justice, qui ne mesurait plus rien, d'une justice à l'envers, qui punissait les simples délits par des crimes ?

La Commune décide d'établir des tribunaux populaires. Stanislas Maillard, l'huissier qui avait conduit les femmes à Versailles le 5 octobre 1789, devient le président du tribunal de l'Abbaye.

Avant la création de ce tribunal, un seul homme avait été épargné, l'abbé Sicard, instituteur des sourds-muets, réclamé d'ailleurs par l'Assemblée nationale. Depuis que Maillard* siégea, avec son jury, il y eut distinction, il y eut des coupables et des innocents ; beaucoup de gens échappèrent. Maillard consultait la foule, mais, en réalité, son autorité était telle qu'il imposait ses jugements. Ils étaient respectés, quels qu'ils fussent, lors même qu'ils absolvaient. Quand le noir fantôme se levait, mettait la main sur la tête du prisonnier, le proclamait innocent, personne n'osait dire : Non. Ces absolutions, solennellement prononcées, étaient généralement accueillies des meurtriers avec des clameurs de joie. Plusieurs, par une étrange réaction de sensibilité, versaient des larmes, et se

Portrait de Maillard par Gabriel.
(Musée Carnavalet.)

jetaient dans les bras de celui qu'un moment auparavant ils auraient égorgé. Ce n'était pas une petite épreuve que de recevoir ces poignées de main sanglantes, d'être serré sur la poitrine de ces meurtriers sensibles. Ils ne s'en tenaient pas là. Ils reconduisaient « ce brave homme, ce bon citoyen, ce bon patriote ». Ils le montraient avec bonheur, avec enthousiasme, le recommandaient à la pitié du peuple. S'ils ne le connaissaient point, n'avaient rien à dire de lui, leur imagination exaltée suppléait et lui composait sa légende ; ils la contaient, chemin faisant, et, chose étrange, à mesure qu'ils l'improvisaient et la faisaient croire aux passants, ils la croyaient aussi eux-mêmes. « Citoyens, disaient-ils, vous voyez bien ce patriote, eh bien, on l'avait enfermé pour avoir trop bien parlé de la nation... » — « Voyez ce malheureux, criait un autre, ses parents l'avaient fait mettre aux oubliettes pour s'emparer de son bien. » — « En même temps, dit celui auquel nous empruntons ces détails, les passants se pressaient, pour me voir, autour du fiacre où j'étais, m'embrassaient par les portières... »

Ceux qui reconduisaient un prisonnier se faisaient scrupule d'en rien recevoir, se contentant d'accepter tout au plus un verre de vin des amis ou des parents chez qui ils le ramenaient. Ils disaient qu'ils étaient assez payés de voir une telle scène de joie, et souvent pleuraient de bonheur.

Il y avait, au moins dans ces commencements du massacre, un désintéressement très réel. Les sommes considérables, en louis d'or, qu'on trouva à l'Abbaye, sur les premières victimes, furent immédiatement portées à la Commune. Il en fut de même aux Carmes. Le savetier qui y était entré le premier, et s'était fait capitaine, eut un soin scrupuleux de tout ce qu'on prit. Un témoin oculaire, qui me l'a conté, le vit le soir, entrer avec sa bande dans l'église de Saint-Sulpice, apporter dans son tablier de cuir sanglant une masse d'or et de bijoux, des anneaux épiscopaux, des bagues de grande valeur. Il remit fidèlement le tout, par-devant témoins, à l'autorité.

CHAPITRE VI

Dès la nuit du 3 au 4, on put s'apercevoir que le massacre irait changeant de caractère, qu'il ne gardait pas l'aspect d'une justice populaire, sauvage, mais désintéressée, qu'on croyait lui donner d'abord.

Les massacreurs, nous l'avons vu, étaient mêlés d'éléments divers qui, le premier jour, indistincts et contenus l'un par l'autre, éclatèrent ensuite ; le pire alla l'emportant. Il y avait des gens payés ; il y avait des gens ivres et des fanatiques ; il y avait des brigands ; ceux-ci peu à peu surgirent.

Sauf les cinquante et quelques bourgeois qui tuèrent à l'Abbaye et sans doute s'en éloignèrent peu, les autres (en tout, deux ou trois cents) allèrent de prison en prison, s'enivrant, s'ensanglantant, se salissant de plus en plus, parcourant en trois jours une longue vie de scélératesse. Le massacre qui, le 2, fut pour beaucoup un effort, devint, le 3, une jouissance. Peu à peu, le vol s'y mêla. On commença de tuer des femmes. Le 4, il y eut des viols, on tua même des enfants.

Le commencement fut modeste. Dans la soirée du 2, ou la nuit du 2 au 3, plusieurs de ceux qui tuaient à l'Abbaye, n'ayant ni bas ni souliers, regardèrent avec envie les chaussures des aristocrates. Ils ne voulurent pas les prendre sans y être autorisés ; ils montèrent à la section, dont le bureau siégeait à l'Abbaye même, demandèrent la permission de mettre à leurs pieds les souliers des morts. La chose ayant été obtenue facilement, l'appétit leur vint, et ils demandèrent davantage : des bons de vin à prendre chez les marchands pour soutenir les travailleurs et les animer à la besogne.

Les choses n'en restèrent pas là. A mesure qu'on s'étourdit, plusieurs se hasardèrent à voler des nippes. Un de ceux qui *travaillèrent* la nuit, le plus ardemment, dans ce sens, était un fripier du quai du Louvre, nommé Laforêt. Son horrible femme tuait aussi, et volait effrontément ; c'étaient des pillards connus. Plus tard, au 31 mai, Laforêt se plaignit amèrement de ce qu'il n'y avait pas de pillage dans les maisons : « Dans un jour comme celui-ci, disait-il, j'aurais dû avoir au moins cinquante maisons pour ma part. »

Soit que Maillard* ait trouvé que ces voleurs lui gâtaient son massacre et qu'il ait fait avertir la Commune, soit que, d'elle-même, elle ait voulu conserver une sorte de pureté à cette belle justice populaire, un de ses membres arriva vers minuit et demi à l'Abbaye, un homme de figure douce, en habit puce, et petite perruque. C'était Billaud-Varenne*. Il n'essaya pas d'arrêter le massacre ; l'exemple de Manuel*, Dussaulx et des autres députés avertissait assez que la chose était impossible. Il insista seulement pour qu'on sauvât les dépouilles. Toutefois, comme toute peine mérite une récompense, il promit aux *ouvriers* un salaire régulier. Cette mesure très odieuse, et qui impliquait une approbation, n'en eut pas moins un bon effet ; du moment qu'ils furent payés régulièrement, ils travaillèrent beaucoup moins, se donnèrent du bon temps, et se ralentirent.

Une grande partie des massacreurs s'étaient écoulés au Châtelet, à la Force. La tuerie de l'Abbaye devint affaire de plaisir, de récréation, un spectacle. On entassa des hardes au milieu de la cour, en une sorte de matelas. La victime, lancée de la porte dans cette sorte d'arène, et passant de sabre en sabre, par les lances ou par les piques, venait, après quelques tours, tomber à ce matelas, trempé et retrempé de sang. Les assistants s'intéressaient à la manière dont chacun courait, criait et tombait, au courage, à la lâcheté qu'avait montré tel ou tel, et jugeaient en connaisseurs. Les femmes surtout y prenaient grand plaisir ; leurs premières répugnances une fois surmontées, elles devenaient des spectatrices terribles, insatiables, comme furieuses de plaisir et de curiosité. Les massacreurs, charmés de l'intérêt qu'on prenait à leurs travaux, avaient établi des bancs autour de la cour, bien éclairée de lampions ; des bancs, mais non indistincts pour les spectateurs des deux sexes ; il y avait bancs pour les messieurs et bancs pour les dames, dans l'intérêt de l'ordre et de la moralité.

Les exécutions continuent les jours suivants, jusqu'au 6 septembre. La princesse de Lamballe est la plus illustre victime de ces massacres.*

Elle était malade de peur. Dans la nuit du 2 au 3, elle avait vu partir Mme de Tourzel[1], et elle, elle était restée. Cela lui annonçait son sort. Elle entendait des bruits terribles, écoutait, s'enfonçait dans son lit, comme fait un enfant qui a peur. Vers huit heures, deux gardes nationaux entrent brusquement : « Levez-vous, Madame, il faut aller à l'Abbaye. — Mais, Messieurs, prison pour prison, j'aime bien autant celle-ci ; laissez-moi. » Ils insistent. Elle les prie de sortir un moment, afin qu'elle puisse s'habiller. Elle en vient à bout, enfin ; mais elle ne peut marcher ; tremblante, elle prend le bras d'un des gardes nationaux, elle descend, elle arrive à ce tribunal d'enfer. Elle voit les juges, les armes, la mine sèche d'Hébert*[2] et des autres, des hommes ivres, et du sang aux mains. Elle tombe, s'évanouit. Elle revient, et c'est pour s'évanouir encore. Elle ne savait pas que beaucoup de gens désiraient passionnément la sauver. Les juges lui étaient favorables ; dans ceux même qui la rudoyaient, jusque dans les massacreurs, on lui avait fait des amis. Tout ce qu'il eût fallu, c'est qu'elle pût parler un peu, qu'on tirât de sa bouche un mot qu'on pût interpréter pour motiver son salut. On dit qu'elle répondit assez

1. La gouvernante des enfants de France.
2. Le Père Duchesne, qui était aussi officier municipal. (Voir Index.)

bien sur le 10 août ; mais quand on lui demanda de jurer haine à la royauté, haine au Roi, *haine à la Reine* ! son cœur se serra tellement, qu'elle ne put plus parler ; elle perdit contenance, mit ses deux mains devant ses yeux, se détourna vers la porte. Au moment où elle la franchit, elle y trouva un certain Truchon, membre, je crois, de la Commune, qui s'empara d'elle, et d'autre part, un grand massacreur, le grand Nicolas, la saisit aussi. Tous deux, et d'autres encore, avaient promis de la sauver. On dit même que plusieurs de ses gens s'étaient mêlés aux égorgeurs, et l'attendaient dans la rue. « Crie : Vive la nation ! disaient-ils, et tu n'auras pas de mal. »

A ce moment, elle aperçut au coin de la petite rue Saint-Antoine quelque chose d'effroyable, une masse molle et sanglante, sur laquelle un des massacreurs marchait des deux pieds avec ses souliers ferrés. C'était un tas de corps nus, tout blancs, dépouillés, qu'on avait amoncelés. C'est là-dessus qu'il fallait mettre la main et prêter serment : cette épreuve fut trop forte. Elle se détourna, et poussa ce cri : « Fi ! l'horreur ! »

Il y avait, sans nul doute, dans les meurtriers, de furieux fanatiques qui, après avoir tué tant d'inconnus, d'innocents, s'indignaient de voir celle-ci, la plus coupable, à leur sens, l'amie et la confidente de la Reine, qui allait être épargnée. Pourquoi ? Parce qu'elle était princesse, qu'elle était très riche, et qu'il y avait beaucoup à gagner sans doute à la tirer de là. On assure qu'en effet des sommes considérables avaient été distribuées entre ceux qui se faisaient fort de la sauver du massacre.

La lutte, selon toute apparence, se trouvait engagée pour elle entre les mercenaires et les fanatiques. L'un des plus enragés, un petit perruquier, Charlat, tambour dans les volontaires, marche à elle, et, de sa pique, lui fait sauter son bonnet ; ses beaux cheveux se déroulent et tombent de tous côtés. La main maladroite ou ivre qui lui avait fait cet outrage tremblait, et la pique lui avait effleuré le front ; elle saignait. La vue du sang eut son effet ordinaire ; plusieurs se jetèrent sur elle ; l'un d'eux vint par-derrière, et lui lança une bûche ; elle tomba, et à l'instant fut percée de plusieurs coups.

Évaluation du nombre des victimes

Selon Michel Vovelle, les massacres de Septembre auraient fait 1 100 victimes (Michelet dit 966) dont les trois quarts étaient des détenus de droit commun et des prostituées, le quart restant se composant de prêtres et de nobles.

Michelet s'intéresse moins au nombre des victimes qu'au nombre des massacreurs, qui — il tient à le prouver — fut *« infiniment petit »*, *« au plus quatre cents »*. Il tente ainsi de disculper le Peuple de cette violence injustifiable et selon lui d'autant plus regrettable qu'elle a retourné l'opinion de l'Europe contre la Révolution.

Valmy
20 septembre 1792

Livre VIII, chapitre VIII

La position qu'occupait l'armée de Dumouriez, entre Valmy et Sainte-Menehould, bloquait l'axe de communication direct Verdun-Paris et obligeait les Prussiens à interrompre leur avance s'ils voulaient assurer leurs arrières.

Les Prussiens ignoraient si parfaitement à qui ils avaient affaire, qu'ils crurent avoir pris Dumouriez*[1], lui avoir coupé le chemin. Ils s'imaginèrent que cette armée *de vagabonds, de tailleurs, de savetiers*, comme disaient les émigrés, avait hâte d'aller se cacher dans

1. Ils se trouvaient en face des troupes de Kellermann, l'armée de Dumouriez ayant pris position un peu plus à l'est, vers Sainte-Menehould.

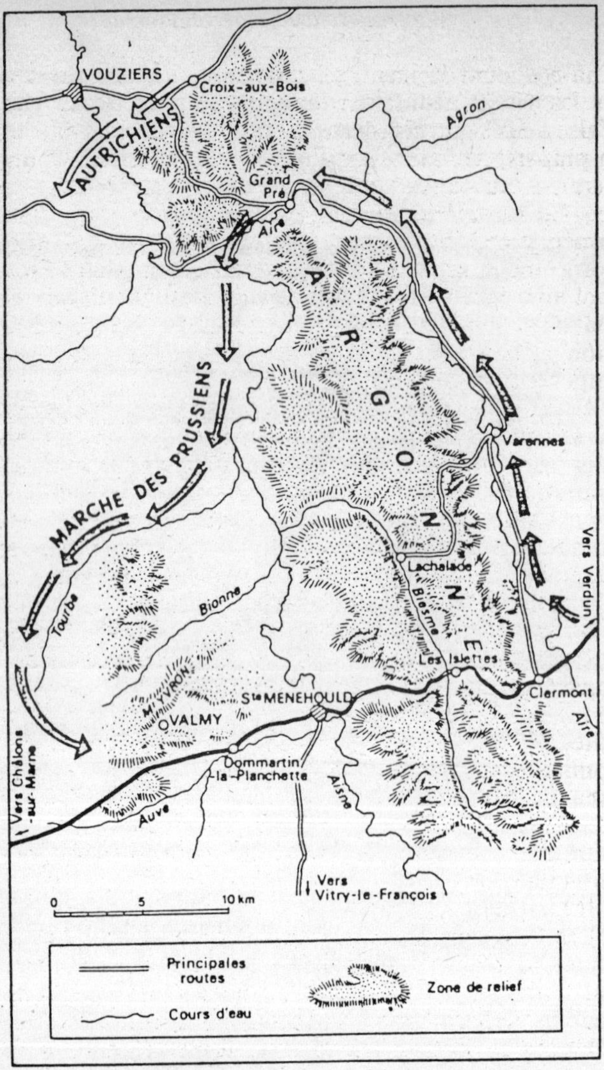

Carte extraite de *Valmy*, Jean-Paul Bertaud, Collection Archives, Julliard, 1970.

Châlons, dans Reims. Ils furent un peu étonnés quand ils les virent audacieusement postés à ce moulin de Valmy. Ils supposèrent du moins que ces gens-là, qui, la plupart, n'avaient jamais entendu le canon, s'étonneraient au concert nouveau de soixante bouches à feu. Soixante leur répondirent, et tout le jour, cette armée, composée en partie de gardes nationales, supporta une épreuve plus rude qu'aucun combat : l'immobilité sous le feu. On tirait dans le brouillard au matin, et plus tard, dans la fumée. La distance néanmoins était petite. On tirait dans une masse ; peu importait de tirer juste.

Cette masse vivante, d'une armée toute jeune, émue de son premier combat, d'une armée ardente et française, qui brûlait d'aller en avant, tenue là sous les boulets, les recevant par milliers, sans savoir si les siens portaient, elle subissait, cette armée, la plus grande épreuve peut-être. On a tort de rabaisser l'honneur de cette journée. Un combat d'attaque, ou d'assaut, aurait moins honoré la France.

Un moment, les obus des Prussiens, mieux dirigés, jetèrent de la confusion. Ils tombèrent sur deux caissons qui éclatèrent, tuèrent, blessèrent beaucoup de monde. Les conducteurs de chariots, s'écartant à la hâte de l'explosion, quelques bataillons semblaient commencer à se troubler. Le malheur voulut encore qu'à ce moment un boulet vînt tuer le cheval de Kellermann* et le jeter par terre. Il en remonta un autre avec beaucoup de sang-froid, raffermit les lignes flottantes.

Il était temps.

Les Prussiens, laissant la cavalerie en bataille pour soutenir l'infanterie, formaient celle-ci en trois colonnes, qui marchaient vers le plateau de Valmy (vers onze heures). Kellermann voit ce moment, forme aussi trois colonnes en face, et fait dire sur toute la ligne : « Ne pas tirer, mais attendre, et les recevoir à la baïonnette. »

Il y eut un moment de silence. La fumée se dissipait. Les Prussiens avaient descendu, ils franchissaient l'espace intermédiaire avec la gravité d'une vieille armée de Frédéric, et ils allaient monter aux Français.

Brunswick[1] dirigea sa lorgnette, et il vit un spectacle surprenant, extraordinaire. A l'exemple de Kellermann, tous les Français, ayant leurs chapeaux à la pointe des sabres, des épées, des baïonnettes, avaient poussé un grand cri... Ce cri de trente mille hommes remplissait toute la vallée : c'était comme un cri de joie, mais étonnamment prolongé ; il ne dura guère moins d'un quart d'heure ; fini, il recommençait toujours, avec plus de force ; la terre en tremblait... C'était : « Vive la Nation ! »

Les Prussiens montaient, fermes et sombres. Mais, tout ferme que fût chaque homme, les lignes flottaient, elles formaient par moment des vides, puis elles les remplissaient. C'est que de gauche elles recevaient une pluie de fer, qui leur venait de Dumouriez.

Brunswick arrêta ce massacre inutile, et fit sonner le rappel.

Le spirituel et savant général avait très bien reconnu, dans l'armée qu'il avait en face, un phénomène qui ne s'était guère vu depuis les guerres de religion : *une armée de fanatiques*, et, s'il l'eût fallu, de martyrs. Il répéta au Roi[2] ce qu'il avait toujours soutenu, contrairement aux émigrés, que l'affaire était difficile, et qu'avec les belles chances que la Prusse avait en ce moment pour s'étendre dans le Nord, il était absolument inutile et imprudent de se compromettre avec ces gens-ci.

Le Roi était extrêmement mécontent, mortifié. Vers quatre ou cinq heures, il se lassa de cette éternelle canonnade qui n'avait guère de résultat que d'aguerrir

1. Général au service de la Prusse, chef des armées austro-prussiennes.

2. Au roi de Prusse, Frédéric-Guillaume II.

l'ennemi. Il ne consulta pas Brunswick, mais dit qu'on battît la charge.

Lui-même, dit-on, approcha avec son état-major, pour reconnaître de plus près ces furieux, ces sauvages. Il poussa sa courageuse et docile infanterie sous le feu de la mitraille, vers le plateau de Valmy. Et en avançant, il reconnut la ferme attitude de ceux qui l'attendaient là-haut.

Ils s'étaient déjà habitués au tonnerre qu'ils entendaient depuis tant d'heures, et ils commençaient à s'en rire.

Une sécurité visible régnait dans leurs lignes. Sur toute cette jeune armée planait quelque chose, comme une lueur héroïque, où le Roi ne comprit rien (sinon le retour en Prusse).

Cette lueur était la Foi.

Et cette joyeuse armée qui d'en haut le regardait, c'était déjà l'armée de la RÉPUBLIQUE.

Fondée le 20 septembre, à Valmy, par la victoire, elle fut, le 21, décrétée à Paris, au sein de la Convention.

> Sous la Restauration, Michelet était le disciple de Victor Cousin, qui faisait autorité dans l'enseignement de la philosophie de l'histoire. En 1828, Victor Cousin écrit : « Dans les grandes batailles, ce ne sont pas les hommes qui sont aux prises, ce sont les causes, ce sont les esprits opposés d'une époque, ce sont les différentes idées qui dans un siècle animent et agitent l'humanité. »

Jemmapes
6 novembre 1792

Livre VIII, chapitre v

Dans les semaines qui suivent Valmy, le territoire français étant libéré, les armées de la Répu-

blique s'avancent au-delà des frontières. Dumouriez entre en Belgique le 27 octobre, et le 6 novembre affronte les troupes autrichiennes repliées sur les hauteurs de Jemmapes, un village proche de Mons. Jemmapes est, par bien des points, une victoire complémentaire de Valmy. Victoire à l'extérieur des frontières, positions inversées (les Autrichiens sont retranchés sur un sommet que les Français doivent prendre d'assaut), combat rapproché, mêlée à l'arme blanche. Mais, comme Valmy, dans le récit de Michelet, c'est encore une victoire de l'Idée et du Verbe.*

La position n'était pas sans analogie avec celle de Waterloo. Comme l'Anglais à Waterloo, l'Autrichien avait à Jemmapes une grande ville derrière lui, d'où il tirait ce qu'il voulait. Mais combien le rude escarpement de Jemmapes, franchi par l'armée de la République, offrait plus de difficultés naturelles, artificielles, que le petit raidillon où vint se briser l'Empire !

Une ressemblance encore qu'ont les deux batailles, c'est qu'à l'une, comme à l'autre, l'armée française fut tenue, toute une nuit, au fond d'une plaine humide, et que le matin, affaiblie et détrempée, on la mena au combat. Une telle nuit, passée, l'arme au bras, par des troupes si mal habillées pour la saison, dans ces marécages, par des troupes jeunes, nullement habituées ni endurcies, eût amené un triste jour, si cette armée singulière n'eût été réchauffée d'enthousiasme, cuirassée de fanatisme, vêtue de sa foi.

Car enfin, ils étaient pieds nus, ou peu s'en fallait, dans l'eau et dans le brouillard que le marécage élève la nuit ; eau dessous et eau dessus. La plaine était coupée de canaux, de flaques d'eau croupissante, et là où l'on se réfugiait, croyant gagner la terre ferme, le sol tremblait sous les pieds. Nul pays n'a été plus changé par l'industrie ; l'exploitation de houillères a donné douze mille âmes au village de Jemmapes : on a bâti, coupé les bois, séché des marais. Et avec tout cela, aujourd'hui même, le pays au-dessous des pentes est resté, généralement, une prairie très humide.

Du fond de cette prairie, nos soldats, grelottants au froid du matin, purent voir, au couronnement des redoutes, aux maisons crénelées du village qui semblaient descendre à eux, leurs redoutables ennemis. Les hussards impériaux dans leurs belles fourrures, les grenadiers hongrois dans la richesse barbare de leur costume étranger, les dragons autrichiens majestueusement drapés dans leurs manteaux blancs.

Ce que les nôtres leur enviaient encore davantage, c'était d'avoir déjeuné. Les Autrichiens attendaient, restaurés parfaitement ; Mons était derrière et fournissait tout. Pour les Français, on leur dit que la bataille ne serait pas longue, et qu'il valait mieux déjeuner vainqueurs.

Un Belge, vieillard vénérable du village de Jemmapes, qui, seul de tout le pays, tout le monde étant en fuite, resta et vit la bataille, des hauteurs voisines, nous a dit l'ineffaçable impression qu'il a conservée. Au moment où nos colonnes se mirent en mouvement, où le brouillard de novembre, commençant à se lever, découvrit l'armée française, un grand concert d'instruments se fit entendre, une musique grave, imposante, remplit la vallée, monta aux collines, une harmonie majestueuse semblait marcher devant la France. Les musiques de nos brigades, partant toutes au même signal, ouvraient la bataille par *La Marseillaise* ; elles la jouèrent plusieurs fois, et dans les moments d'intervalle, où les rafales effroyables du bruit des canons faisaient quelque trêve, on entendait l'hymne sacré. La rage de l'artillerie ne pouvait étouffer entièrement l'air sublime des guerres fraternelles. Le cœur du jeune homme, saisi de cette douceur inattendue, faillit lui manquer. L'artillerie ne lui faisait rien ; la musique le vainquit. C'était, comment le méconnaître, c'était l'armée de la Justice, venant rendre au monde ses droits oubliés, la Fraternité elle-même venant délivrer ses ennemis, et, pour leurs boulets, leur offrant les bienfaits de la liberté.

L'effort du combat devait être à la gauche pour emporter le village de Jemmapes et monter sur la hauteur, et plus encore à la droite, où la pente était couverte de formidables redoutes. Le vieux général Ferrand commandait à gauche ; à droite, le brave Beurnonville. Ce dernier poste était le poste d'honneur, et l'on y avait mis nos volontaires parisiens ; rude épreuve pour ces jeunes gens, arrivés d'hier et n'ayant jamais vu le feu. Dumouriez avait près de lui, au centre, le duc de Chartres[1], pour le lancer au moment où le succès d'une des ailes commencerait la victoire ; le candidat à la royauté, s'associant au mouvement de l'aile victorieuse, eût alors attaqué de face, décidé l'affaire, emporté l'honneur.

Les difficultés de droite et de gauche étaient grandes en vérité ; moindres à gauche, vers Jemmapes, et cependant le général Ferrand ne faisait pas grand progrès, l'attaque traîna de huit à onze. C'était pourtant par la gauche qu'il fallait réussir d'abord ; Beurnonville avait à droite des obstacles presque insurmontables. A onze heures, Dumouriez envoya à la gauche son second, un autre lui-même, le brave et intelligent Thouvenot, qui prit le commandement, emporta le village de Jemmapes. Et cependant, Dumouriez, de sa personne, alla voir si réellement on pouvait forcer à droite la terrible position qui arrêtait Beurnonville. Jamais général n'arriva plus à propos ; nos volontaires parisiens, menés par Dampierre, sous un feu terrible, avaient déjà fait un pas, emporté l'étage inférieur des triples redoutes ; Dampierre, marchant seul devant eux, les entraîna, avec le régiment de Flandre. Portés ainsi en avant, ils étaient en plus grand péril, et ils ne reculaient pas. Ils étaient là, sous

1. Fils aîné du duc d'Orléans, futur Louis-Philippe.

les yeux des soldats de ligne, des troupes de Dumouriez, fort attachés au général, qui n'aimaient pas ces volontaires et regardaient froidement s'ils resteraient fermes. Sur eux justement plongeait le feu des redoutes d'en haut, et de loin encore, un de nos généraux, ne les reconnaissant pas, leur envoyait des boulets. Ils ne bougeaient ; au moindre mouvement, un magnifique corps de dragons impériaux était prêt à les sabrer. Enfin, Dumouriez arrive. Il trouve nos Parisiens fort émus, fort sombres. Les bataillons jacobins se croyaient amenés là pour être hachés en pièces. Cependant, là aussi se trouvait en ligne le bataillon des *Lombards*, d'opinion girondine. L'émulation des deux partis, continuée sur le champ de bataille, ne contribuait pas peu à les rendre fermes. Il n'en était pas de même de la cavalerie, qui flottait un peu. Dumouriez y court ; mais, pendant ce temps, voici venir les dragons impériaux, qui s'ébranlent à la fin, vont, de leurs chevaux lancés, heurter l'infanterie parisienne. Nos volontaires montrèrent ici un admirable sang-froid ; avec l'heureux instinct qui caractérise cette population intelligente entre toutes, ils laissèrent venir la masse effrayante presque au bout de leurs fusils, firent une décharge à bout portant, qui, du premier coup, leur fit un rempart de cent chevaux abattus. La superbe cavalerie, poursuivie par Dumouriez et ses hussards, s'enfuit jusqu'à Mons.

Il revient alors vers l'infanterie : « A vous, mes enfants ! » Et il se met de toutes ses forces à chanter *La Marseillaise*. Ce fut un entraînement. Un *Ça ira* des plus sauvages continua, et les redoutes, en un moment, furent emportées, les canonniers tués sur leurs pièces. Les grenadiers hongrois, ces splendides colosses, qui ne pouvaient rien comprendre à cette furie, furent en un moment envahis, dominés, sabrés.

Chronologie sommaire des événements évoqués dans la cinquième partie

13 novembre 1792 :
Discours de Saint-Just sur le jugement de Louis XVI.

20 novembre :
Découverte des papiers contenus dans l'armoire de fer des Tuileries.

3 décembre :
Discours de Robespierre sur le jugement de Louis XVI.

11 décembre :
Début du procès du roi (lecture de l'acte d'accusation).

7 janvier 1793 :
Clôture des débats du procès.

15-19 janvier :
Série de questions et vote.

20 janvier :
Assassinat de Le Peletier.

21 janvier :
Exécution du roi.

5

La fin du roi
(novembre 1792 - janvier 1793)

Livre IX

Le procès du roi

Livre IX, chapitre XII

La Convention, réunie depuis le 21 septembre 1792, se doit de trancher le sort du souverain déchu depuis le 10 août. Elle est dominée par le parti girondin qui hésite à mettre le roi en accusation. La Montagne, au contraire, défend — en particulier par la voix de Saint-Just — la nécessité du jugement. Le 20 novembre, on découvre dans un mur du château des Tuileries un placard secret (l'armoire de fer) aménagé sur ordre de Louis XVI. Cette cachette contient des papiers attestant les tractations secrètes du roi avec l'ennemi. La découverte de cette correspondance compromettante rend impossible l'ajournement du procès. Les débats s'ouvrent le 11 décembre et sont clos le 7 janvier. Du 15 au 19 janvier, les conventionnels se prononcent sur une série de questions qui décideront du sort du roi.*

Les questions posées à l'Assemblée et les votes

— *Le 15 janvier :* « Louis Capet, ci-devant roi des Français, est-il coupable de conspiration contre la liberté et d'attentat contre la sûreté de l'État ? » *Vote :* Oui, à l'unanimité (707 voix) moins quelques abstentions.

« Le jugement qui sera rendu sur Louis sera-t-il soumis à la ratification du peuple réuni dans ses assemblées primaires ? » *Vote :* 424 voix contre, 287 pour.

— *Le 16 janvier :* « Quelle peine Louis, ci-devant roi des Français, a-t-il encourue ? » *Vote :* 387 voix pour la mort, 334 pour une peine différente.
Le vote a eu lieu par appel nominal et a duré vingt-quatre heures.

— *Le 18 janvier :* « Sera-t-il sursis à l'exécution du jugement de Louis Capet ? » *Vote :* 380 voix contre, 310 pour.

Le 16 janvier, donc...

Le troisième appel nominal commença sur cette question : *« Quelle peine sera infligée ? »* — Il était huit heures du soir. Le lugubre appel dura toute la nuit, une longue nuit de janvier, un jour encore, un pâle jour d'hiver, jusqu'à huit heures, la même heure qu'il avait commencé la veille. A ce moment, l'appel étant terminé, mais le résultat n'étant pas proclamé encore, on apporta la lettre du ministre d'Espagne[1]. Danton bondit sur son siège et prit la parole sans la demander... Sur quoi, Louvet[2] lui cria : « Tu n'es pas encore roi, Danton... »

« Je m'étonne, dit Danton, de l'audace d'une puissance qui prétend influer sur vos délibérations... Quoi ! on ne reconnaît pas la République, et l'on veut lui dicter des lois, lui faire des conditions, entrer dans ses

1. Le chargé d'affaires d'Espagne, Ocariz, écrivait à l'Assemblée pour tenter d'influencer sa décision en faveur de Louis XVI.

2. L'écrivain Louvet, auteur des *Aventures de Faublas*, était député à la Convention et rallié aux girondins.

jugements !... Je voterais la guerre à l'Espagne !... Répondez-lui, président, que les vainqueurs de Jemmapes ne se démentiront pas, qu'ils trouveront les mêmes forces pour exterminer tous les rois... »

La Gironde demanda, obtint que, sans lire la lettre, on passât à l'ordre du jour.

Les défenseurs de Louis demandaient à être entendus avant le dépouillement du scrutin. Danton y consentait. Robespierre s'y opposa.

Un député de la Haute-Garonne, Jean Mailhe, montagnard, mais modéré, avait exprimé un vote qui influa sur les autres, et rallia spécialement beaucoup d'hommes de la droite et du centre. *Il vota la mort*, ajoutant cette proposition, qu'il déclarait lui-même indépendante de son vote : « Je demande, si la mort est votée, que l'Assemblée discute *s'il est de l'intérêt public que l'exécution soit immédiate ou soit différée.* »

L'effet fut très fatal au Roi, il était aisé de le prévoir. Faut-il croire que ceux qui votèrent ainsi, comme Vergniaud*, ignoraient les conséquences de leur vote, qu'ils fussent assez simples pour ne pas prévoir une chose tellement naturelle et possible ? Qui osera le dire ? Chacun d'eux spécifia expressément, comme Mailhe, que son vote pour la mort était positif, *indépendant de la question discutable du sursis.*

Il y eut pour la mort 387 voix. Et pour la détention ou la mort conditionnelle 334 voix. Majorité cinquante-trois.

Le président (Vergniaud), avec l'accent de la douleur : « Je déclare, au nom de la Convention, que la peine qu'elle prononce contre Louis Capet est la mort. »

[...]

La longue séance fut levée à onze heures du soir. Une illumination générale fut ordonnée dans l'intérêt de la sûreté publique. Nulle chose plus sinistre. Partout les lumières aux fenêtres, pour éclairer les rues désertes ; un faux effet de fête qui serrait le cœur. Toute la nuit, les colporteurs couraient et criaient : « La mort ! »

Le 18, question du sursis, question infiniment grave. Le sursis pouvait devenir un moyen d'éluder le vote, donner temps aux royalistes, ouvrir la porte à la guerre civile. La mort d'un seul ajournée pouvait amener mille morts.

La Montagne parla en ce sens, mais très maladroitement. Reprenant le mot que Robespierre* avait fait entendre *(aux dépens de l'humanité)*, les voilà tous qui répètent le même mot en différents sens : « Point de sursis, dit Tallien*, l'*humanité* l'exige ; il faut abréger ses angoisses. Il est barbare de le laisser dans l'attente de son sort... » — « Point de sursis, dit Couthon* ; au nom de l'*humanité*, le jugement doit s'exécuter, comme tout autre, dans les vingt-quatre heures... » — Robespierre répéta, je ne sais combien de fois, ce mot d'*humanité*... — La Convention perdait patience. La Revellière-Lepeaux, Daunou, Chambon exprimèrent courageusement leur indignation sur cette douceur exécrable, qui ressemblait tant à l'hypocrisie.

La séance fut levée à dix heures et demie, malgré les cris de la Montagne, qui resta jusqu'à minuit, tellement furieuse et délirante, qu'un membre proposa le massacre des représentants royalistes ou brissotins. Lacroix, appelé au fauteuil, leur fit honte de cet accès d'hydrophobie. Legendre* leur persuada de ne pas inquiéter Paris, de quitter enfin la place.

Rien de plus incohérent que la discussion du 19. La Gironde, comme en déroute, ne fit guère que battre la campagne. Buzot* et Barbaroux* renouvelèrent leurs attaques contre Orléans, attaques absurdes, intempestives, au point où l'on était venu[1]. Condorcet* énu-

1. Le duc d'Orléans, rebaptisé Philippe Égalité, siégeait à la Convention dans les rangs des montagnards. Les girondins, pour faire diversion au procès du roi, avaient demandé l'expulsion de tous les Bourbons hors de France, spécialement la branche d'Orléans.

méra les bonnes lois qu'il fallait faire, pour prouver aux nations que ce jugement sévère n'était point un acte d'inhumanité. Brissot* parla seul d'une manière spécieuse. Il montra l'état de l'Europe, et dit qu'en précipitant l'exécution, on populariserait la coalition des tyrans contre la France, on ferait les peuples alliés des rois.

Un spectacle surprenant dans une Assemblée si émue, ce fut de voir à la tribune la glaciale et muette figure de Thomas Payne[1], dont on lut la judicieuse opinion. Il regrettait de n'avoir pu encore parler, voulant proposer *la peine même qu'eût votée la nation* : réclusion, et, à la paix, bannissement. Il demandait si la France voulait perdre son seul allié, les États-Unis, liés par la reconnaissance à Louis XVI. Il déclarait qu'on allait donner au roi d'Angleterre la plus douce satisfaction qu'il pût désirer, en le vengeant du libérateur de l'Amérique. Il ajoutait avec un bon sens admirable : « Ayez pour vous l'opinion, c'est-à-dire soyez grands et justes, et vous n'avez rien à craindre de la guerre. L'opinion vous vaudra des armées, si vous la mettez de votre parti. La guerre contre la liberté ne peut durer, à moins que les tyrans n'y puissent intéresser les peuples... » Puis, avec une netteté parfaite, une sorte de seconde vue, il voyait, racontait d'avance tout ce qui arriva, comment les rois exploiteraient la pitié publique et trouveraient dans l'indignation des peuples abusés une force inouïe contre la Révolution.

L'esprit répondit au bon sens, Barère* à Thomas Payne. Il fut adroit, subtil, ingénieux. Il résuma habilement toutes les raisons contre le sursis, comme il avait déjà tout résumé contre l'appel au peuple. S'il attesta l'*humanité*, ce ne fut point avec la gaucherie

1. Homme politique et journaliste américain, il vint en France pendant la Révolution, se lia avec les girondins et fut élu député à la Convention. Il en fut exclu pendant la Terreur et mis en prison.

odieuse des montagnards. Il demanda à ceux qui voulaient garder Louis comme otage responsable, s'il ne serait pas plus horrible, *inhumain*, de tenir ainsi un homme sous un glaive suspendu. Puis, détournant un moment les yeux de ce triste sujet, il parla à la Convention des réformes philanthropiques qu'une fois libre elle ferait à l'aise ; il lui ouvrit un horizon immense dans la carrière du bien public. L'Assemblée fut comme enlevée de ce brillant air de bravoure, elle sembla avoir hâte de partir pour cette terre promise. Le Roi était le seul obstacle, elle passa par-dessus. Il n'y eut qu'environ 300 voix pour le sursis, et contre, près de 400. Louis XVI fut tué cette fois, décidément tué.

La séance fut levée à trois heures du matin, le dimanche 20 janvier. Le même jour, un de ceux qui avaient voté la mort fut assassiné par un garde du Roi[1].

L'exécution du roi
21 janvier 1793

Livre IX, chapitre XIII

L'opinion de Michelet

L'opinion de Michelet sur le jugement de Louis XVI lui est dictée par les événements du XIXe siècle. L'Empire, la Restauration, la monarchie de Juillet, lui ont montré qu'il ne suffisait pas de couper la tête d'un roi pour tuer le principe de la royauté. Au contraire, il voit même dans cet acte l'origine de la résurrection de la monarchie. Son exécution a fait de Louis XVI un martyr, lui a redonné l'aura qu'il avait perdue.
Michelet pense que, dans cette décision cruciale, girondins et montagnards se sont trompés, les girondins en

1. Le Peletier de Saint-Fargeau, assassiné au Palais-Royal par l'ancien garde du roi Pâris.

Mort de Louis Capet, seizième du nom, le 21 janvier 1793.
(Musée Carnavalet.)

ne voulant pas juger Louis XVI, les montagnards en faisant exécuter le jugement. D'après l'historien, la Convention aurait dû faire du procès de Louis XVI le procès symbolique de tous les rois et de l'institution monarchique, mais il ne fallait pas exécuter une sentence qui ne servit qu'à fonder le culte d'un roi martyr.

Il y avait peu de monde dans les rues. Les boutiques n'étaient qu'entrouvertes. Personne ne paraissait aux portes, ni aux fenêtres.

Il était dix heures dix minutes, lorsqu'il arriva dans la place. Sous les colonnes de la Marine étaient les commissaires de la Commune, pour dresser procès-verbal de l'exécution. Autour de l'échafaud, on avait réservé une grande place vide, bordée de canons ; au-delà, tant que la vue pouvait s'étendre, on voyait des troupes. Les spectateurs, par conséquent, étaient extrêmement éloignés. Le Roi recommanda vivement son confesseur, et d'un ton de maître. Il descendit, se déshabilla lui-même, ôta sa cravate. Selon une relation, il aurait paru vivement contrarié de ne voir que des soldats, eût frappé du pied, crié aux tambours d'une voix terrible : « Taisez-vous ! » Puis, le roulement continuant : « Je suis perdu ! je suis perdu ! »

Les bourreaux voulaient lui lier les mains, et il résistait. Ils avaient l'air d'appeler et de réclamer la force. Le Roi regardait son confesseur et lui demandait conseil. Celui-ci restait muet d'horreur et de douleur. Enfin, il fit l'effort de dire : « Sire, ce dernier outrage est encore un trait de ressemblance entre Votre Majesté et le Dieu qui va être sa récompense. » Il leva les yeux au ciel, ne résista plus : « Faites ce que vous voudrez, dit-il, je boirai le calice jusqu'à la lie. »

Les marches de l'échafaud étaient extrêmement raides. Le roi s'appuya sur le prêtre. Arrivé à la dernière marche, il échappa, pour ainsi dire, à son confesseur, courut à l'autre bout. Il était fort rouge ; il regarda la place, attendant que les tambours cessassent un moment de battre. Des voix criaient aux bourreaux : « Faites votre devoir. » Ils le saisirent à quatre, mais pendant qu'on lui mettait les sangles, il poussa un cri terrible.

Le corps, placé dans une manne, fut porté au cimetière de la Madeleine, jeté dans la chaux. Mais déjà sur l'échafaud, des soldats et autres, soit outrage, soit vénération, avaient trempé leurs armes, du papier, du linge, dans le sang qui était resté. Des Anglais achetaient ces reliques du nouveau martyr.

Il y avait eu à peine sur le passage quelques faibles voix de femmes qui avaient osé crier grâce, mais, après l'exécution, il y eut chez beaucoup de gens un violent mouvement de douleur. Une femme se jeta dans la Seine, un perruquier se coupa la gorge, un libraire devint fou, un ancien officier mourut de saisissement. On put voir cette chose fatale que la Royauté morte sous le déguisement de Varennes, avilie par l'égoïsme de Louis XVI au 10 août, venait de ressusciter par la force de la pitié et par la vertu du sang.

Le lundi matin, à l'ouverture de la séance, l'exécution faite à peine et le sang fumant encore, une lettre vint à la Convention, terrible dans sa simplicité, amère pour les consciences. Un homme demandait qu'on lui livrât le corps de Louis XVI, « pour l'inhumer auprès de son père ». La lettre était intrépidement signée de son nom.

> « Nous venons enfin d'aborder l'île de la liberté et nous avons brûlé le vaisseau qui nous y a conduits. » Cambon.

Chronologie sommaire des événements évoqués dans la sixième partie

1er février 1793 :
La France déclare la guerre à l'Angleterre et à la Hollande ; première coalition.

24 février :
Décret ordonnant la levée de 300 000 hommes.

11 mars :
Début de la révolte vendéenne.

6 avril :
Formation du Comité de salut public avec Danton.

31 mai :
Manifestation populaire contre la Gironde, à la Convention.

2 juin :
Arrestation des girondins.

6

L'unité brisée
(mars-juin 1793)
Livre X

Le soulèvement de la Vendée mars 1793
Livre X, chapitre v

Les paysans du bocage vendéen, trop pauvres pour acheter des biens nationaux, n'ont vu dans la Révolution que la destruction de leur cadre de vie traditionnel. Pour ces communautés rurales repliées sur elles-mêmes, le bouleversement de la société n'apporte qu'un assujettissement nouveau car il soumet les campagnes à la tutelle autoritaire de la bourgeoisie des villes.

Pour Michelet, qui ne voit pas ce clivage social, la Vendée, c'est l'aberration d'un peuple prenant les armes contre le Peuple, c'est la guerre des Ténèbres contre la Révolution des Lumières. Et, dans son récit, la dévotion naïve et obtuse des chouans présente la réplique caricaturale de la foi *des armées de la République.*

Le 24 février 1793, la Convention a décrété une levée de 300 000 hommes. L'application de cette décision provoque des troubles dans les départe-

ments de l'Ouest. Le 10 mars, à Saint-Florent-le-Vieil, le tocsin sonne, appelant les paysans à s'armer contre les gardes nationaux. Le soulèvement des campagnes a pour cible les villes, bastions des républicains.

Au canon de Saint-Florent, s'éveillèrent peu à peu les cloches de l'Anjou et du Poitou. Déjà, dans la basse Vendée, autour de Machecoul, le tocsin sonnait, depuis dimanche, dans six cents paroisses. En montant vers le Bocage, à Montaigu, à Mortagne, il sonnait dans tous les villages qui couronnent les collines. Il sonnait autour de Cholet et remplissait la ville de terreur. Les communications étaient interrompues ; les courriers ne passaient plus. Toute la masse des paysans, cent mille hommes déjà peut-être, avaient quitté les travaux. Outre la réquisition, il y avait, pour monter les têtes, les solennités du carême. Pâques approchait. Les femmes remplissaient les églises. Les hommes s'amassaient au parvis, muets... Les cloches assourdissantes ne permettaient pas de parler ; elles enivraient la foule, elles remplissaient les airs d'une électricité d'orage.

Que faisait Cathelineau*[1] ? Il avait très bien entendu le combat de Saint-Florent, les décharges du canon. Il ne pouvait ignorer (le 12) l'affreux massacre[2] qui (le 10) avait compromis sans retour dans la révolte le littoral vendéen. N'eût-il rien su, le tocsin se faisait assez entendre. Tout le pays semblait en mouvement, et la terre tremblait. Il commença à croire que l'affaire était sérieuse. Soit prévoyance de père pour la famille qu'il allait laisser, soit prudence militaire et pour

1. Voiturier et tisserand, il fut, de mars à juin 1793, l'un des chefs de l'insurrection vendéenne. (Voir Index.)

2. Le 10 mars, la population rurale avait massacré tous les patriotes du bourg de Machecoul, torturé et tué le curé constitutionnel.

emporter des vivres, il se mit à chauffer son four et à faire du pain.

Son neveu arrive d'abord, lui conte l'affaire de Saint-Florent. Cathelineau continuait de brasser sa pâte. Les voisins arrivent ensuite, un tailleur, un tisserand, un sabotier, un charpentier : « Eh ! voisin, que ferons-nous ? » Il en vint jusqu'à vingt-sept, qui tous étaient là à l'attendre, décidés à faire tout comme il ferait. Il avisa alors que la chose était au point ; le levain était bien pris, la fermentation suffisante ; il n'enfourna pas, essuya ses bras et prit son fusil.

Ils sortirent vingt-sept ; au bout du village, ils étaient cinq cents. C'était toute la population. Tous bons hommes, bien solides, une population honnête, et brave immuablement, noyau des armées vendéennes, qui presque toujours fit le centre, l'intrépide vis-à-vis du canon républicain.

Ils marchèrent gaillardement vers le château de Jallais, où il y avait un peu de garde nationale commandée par un médecin. L'officier novice avait une petite pièce de canon qu'il ne savait pas pointer. Il vint à bout cependant d'en tirer un coup, un boulet, qui ne toucha rien. Avant le second, Cathelineau et les siens se mirent à la course, enlevèrent le retranchement et saisirent la pièce. Grande joie. Ils n'avaient jamais vu ni entendu de canon. Ils emmenèrent celui-ci, le baptisant du nom de *Missionnaire*, ayant foi dans ses vertus, et convaincus qu'à lui seul il convertirait les républicains et leur ferait faire leurs Pâques.

Une belle couleuvrine, qu'ils prirent peu après par la même audace, tint compagnie au *Missionnaire* sous le nom de *Marie-Jeanne*. Toute l'armée en raffolait. On la perdit, on la reprit, avec un deuil, une joie qui ne se peut dire.

Sur la route, ils entraînaient tous les paysans de gré ou de force. Des prêtres se joignirent à eux, et leur dirent la messe. Le 14, une grosse bande leur vint de Maulevrier. Le chef était Stofflet, un ancien soldat, fils d'un meunier de Lorraine, qui avait servi sous M. de Maulevrier et était son garde-chasse. C'était, comme Cathelineau, un homme d'environ quarante ans, intrépide, mais rude et féroce.

L'armée, grossie jusqu'au nombre d'environ quinze mille hommes, se présenta devant Cholet. Elle poussait devant elle trente malheureux jeunes gens, faits prisonniers à Chemillé, pour essuyer les premiers coups. Un homme se détacha seul, et pénétra dans la ville. Il avait la tête et les pieds nus, tenait un crucifix avec une couronne d'épines, d'où pendait un long chapelet. Il tournait les yeux vers le ciel, et criait d'un ton lamentable : « Rendez-vous, mes bons amis ! ou tout sera mis à feu et à sang. »

Deux messagers suivirent de près, avec une sommation signée : *le commandant* Stofflet et l'*aumônier* Barbotin.

Les patriotes ne s'étonnèrent pas. Ils étaient trois cents armés de fusils et cinq cents armés de piques, plus cent dragons de nouvelle levée. M. de Beauvau, procureur-syndic, un noble très républicain, était à leur tête. La pluie tombait. La vue des trente prisonniers qu'il fallait fusiller d'abord pour arriver à l'ennemi refroidissait les patriotes. Dans ce moment d'hésitation, les tirailleurs vendéens commencent. On sut plus tard quels étaient ces tireurs terribles, légers autant qu'intrépides, qui, s'éparpillant aux ailes, au front des colonnes, étonnaient les républicains par la précision meurtrière des premiers coups. Ce n'étaient nullement, le bon sens suffirait pour l'indiquer, de lourds paysans ; c'étaient généralement des contrebandiers, de véritables *brigands*, dignes du nom que l'on étendit à tort à tous les Vendéens. L'élite des paysans, moins leste, mais très brave et très ferme, formait un noyau derrière ces coureurs, mais ne couraient pas eux-mêmes, et pour une raison bien simple : la plupart étaient en sabots.

Aux premiers coups, M. de Beauvau tombe, plusieurs grenadiers avec lui. La cavalerie qui chargeait s'effraie, revient, renverse tout. Les patriotes en retraite se jetèrent dans un pavillon du château et tirèrent de là sur la place, où arrivaient les Vendéens. On vit alors avec étonnement ce que c'était que cette guerre. Sur cette place était un calvaire ; pas un paysan n'y passa sans s'agenouiller ; les mains jointes, chapeau sous le bras, ils faisaient paisiblement leur prière à vingt pas du pavillon, sous le feu le plus meurtrier.

Ce qui faisait leur sécurité, c'est qu'ils étaient bien en règle, confessés, absous. De plus, la plupart, sous leurs vêtements, étaient cousus et cuirassés de petits *Sacrés Cœurs* en laine que leur faisaient porter leurs femmes, qui devaient leur porter bonheur, et « les faire réussir dans toutes leurs entreprises ».

Cette dévotion extrême avait des effets contraires, fort bizarres à observer. D'abord, ils ne volaient pas ; ils tuaient plutôt. Ils ne firent pas de désordre dans les maisons. Ils demandaient peu ou rien, se contentaient des vivres qu'on leur donnait. Il n'y en eut qu'un petit nombre, non paysans, mais voleurs ou contrebandiers mêlés aux paysans, par exemple leur canonnier, un drôle nommé *Six-Sous*, qui fouillèrent les prisonniers et vidèrent leurs poches.

Dès qu'un prisonnier était bien confessé, les paysans n'hésitaient pas à le tuer, bien sûrs qu'il était sauvé. Plusieurs évitèrent la mort en refusant la confession, et disant qu'ils n'étaient pas encore en état de grâce. L'un d'eux fut épargné parce qu'il était protestant, et ne pouvait se confesser. Ils craignirent de le damner.

Marat devant le tribunal révolutionnaire 24 avril 1793

Livre X, chapitre VIII

Depuis le procès du roi, le conflit latent de la Gironde et de la Montagne a éclaté. Le 5 avril 1793, le Club des jacobins, présidé par Marat, avait décidé de faire circuler une pétition demandant la destitution des membres de la Convention — en majorité des girondins — qui avaient voté l'appel au peuple lors du procès du roi. Les girondins contre-attaquent en faisant voter la mise en accusation de Marat devant le tribunal révolutionnaire. Mais les sections de Paris emboîtent le pas à l'Ami du Peuple en réclamant, le 15 avril, des poursuites contre vingt-deux députés girondins. Le jugement de Marat se transforme en triomphe. Michelet raconte cet épisode avec l'ironie qu'il réserve à l'Ami du Peuple ; le contraste est violent entre la folie bilieuse de Marat et la liesse naïve de ses « supporters », entre la créature de l'ombre et son apothéose printanière.

Marat* nageait dans les roses ; une vanité délirante était épanouie sur sa large face jaune. « Vous voyez, dit-il modestement au tribunal, le martyr, l'apôtre de la liberté. » Il profita de l'accusation pour débiter une histoire de son héroïque vie, des services qu'il avait rendus au genre humain, depuis l'époque où, pratiquant la médecine à Londres, il avait publié *Les Chaînes de l'esclavage*. Rien ne manqua à la comédie. On suivit toutes les formes. Le jury se retira, délibéra, puis, rentré, prononça l'acquittement.

A ce moment, il fut près d'être étouffé. Toute la foule voulait l'embrasser. Les soldats se mirent devant et le protégèrent. On lui jeta sur la tête je ne sais combien de couronnes. Il était petit, on le voyait peu. Plusieurs s'élancèrent, le prirent sur leurs bras, le juchèrent sur un fauteuil, le montrèrent un moment du haut du grand escalier. C'était un objet étrange. Son costume, à la fois recherché et sale, était moins d'un homme de lettres que d'un charlatan de place, d'un vendeur d'orviétan, comme il l'avait été en effet. C'était une lévite jadis verte, somptueusement relevée d'un collet d'hermine jaunie, qui sentait son vieux docteur. Heureux choix de couleurs qui s'assortissait à merveille au ton cuivré de la peau, et pouvait faire prendre de loin le docteur pour un lézard.

« Il est sauvé ! Vive Marat ! » Toute la foule déguenillée l'emportait avec violence, heureuse de sa victoire. C'était une fête d'avril ; échappés au long hiver, ces pauvres gens croyaient leurs maux finis par le triomphe du grand empirique qui jurait de tout guérir. Quand il eut passé le Pont-Neuf, par la rue de la Monnaie, par la rue Saint-Honoré, ce fut comme une pluie de fleurs, de couronnes et de rubans. Les femmes des Halles surtout, dans l'effusion de leur cœur, noyaient de bouquets l'homme et son fauteuil, les enchaînaient de guirlandes. Marat se voyait à peine, hâve, étrange, égaré, sous ces fraîches verdures printanières ; la crasse reluisait sous les fleurs. Retardé à chaque instant par des députés de métiers, des harangueurs de sections, il allait, agitant la tête d'un mouvement automatique, répondant à tout d'un fixe sourire, qui semblait d'un fou. Il ouvrait les bras sans cesse comme pour embrasser le peuple. Il était fort touchant, ce peuple (quelque peu digne que fût l'objet de sa gratitude), touchant et par son bon cœur, et par l'excès de ses maux. Nul doute que cette bonté n'ait atteint Marat lui-même, qu'un éclair de sensibilité n'ait traversé cette âme plus vaniteuse encore et furieuse que perverse. C'est à ce moment, ou jamais, qu'il trouva la belle parole qu'il a répétée souvent : « Je me suis fait *anathème* pour ce bon peuple de France. »

Tout le monde, dès le matin, prévoyait, savait le triomphe. Les chefs de la Montagne attendaient la foule et Marat, pleins de tristesse et de dégoût. Robespierre* en jaunissait. Dès le matin, à l'ouverture même de la Convention, et sans à-propos, il avait lancé en hâte une théorie de la propriété, qui remontait sa popularité au moins au niveau de Marat. A l'encontre de la définition de la propriété qu'avait donnée Condorcet* dans son plan de constitution *(Un droit qui consiste en ce que tout homme est maître de disposer à son gré de ses biens)*, Robespierre proposait celle-ci : Le droit qu'a le citoyen de *disposer de la portion des biens qui lui est garantie par la loi.*

On a vu, le 21 septembre, à l'ouverture de la Convention, l'opposition du girondin Lasource et du montagnard Cambon*, précisément sur ce sujet. Lasource, imbu du droit romain et des vieilles superstitions juridiques du Midi, faisait de la propriété un droit antérieur, supérieur à la loi, à la société, de sorte que la société en péril périrait sans pouvoir toucher à cette propriété sacro-sainte. Étrange respect pour les choses, qui leur immolerait les personnes ! Par excès de ménagement pour la propriété, les propriétaires eux-mêmes périraient avec tout le reste dans le naufrage commun.

La doctrine de la Montagne, celle de Cambon et de Robespierre, n'était pas seulement recommandée par la nécessité et le danger public, elle était la plus juste en soi, la plus haute et la plus vraie, considérant la propriété comme l'accessoire de l'homme et de la société, non comme le principal, subordonnant la chose aux besoins de la personne, ne la prenant pas pour un but, cette propriété, pour un instrument exclusif de jouissances individuelles, mais pour un moyen de salut commun.

Cette théorie, juste en soi, allait recevoir toutefois une triste application, celle que Robespierre proposa aux Jacobins. Il s'agissait de salarier tout un peuple sans travail, soit en le payant pour assister aux assemblées de sections, soit en créant à Paris une armée révolutionnaire. Dans la lutte des partis, celui des deux qui prenait une telle initiative entraînait nécessairement cette foule si misérable, n'avait plus aucun besoin de discuter ni de convaincre. Des estomacs affamés, d'avance, étaient convaincus.

Robespierre finit en deux mots, craignant d'être interrompu par la grande scène populaire. Saint-Just* vint traîner ensuite un long discours ténébreux que personne n'écouta. Après, on jasa de l'Ouest. Cependant, une grande clameur avait commencé du dehors et dominait tout. Un homme entre, à longue barbe, une caricature de sapeur connue. Toujours ce même épouvantail qui avait frappé de la hache les portes du Roi le 20 juin, qui depuis (secrètement payé par les girondins) garda Louis XVI au Temple. Dénoncé, il s'était donné à la Montagne, à Legendre*, qu'il accompagna à Lyon pour le protéger de sa hache et de sa barbe terrible. Aujourd'hui, 24 avril, le même sapeur Rocher, s'était fait bénévolement garde du corps de Marat. Il demande d'un ton menaçant que la foule puisse défiler devant la Convention.

Elle entre, et sur ses bras Marat couronné de lauriers. Toute la salle est envahie ; le peuple se mêle aux députés. Marat est à la tribune ; les applaudissements l'empêchent longtemps de parler. Il ne dit que deux mots de reconnaissance et de sensibilité pour le peuple. Mais, retournant à sa place et se retrouvant en face de ses ennemis de la Gironde, sa férocité lui revint : « Je les tiens, maintenant, dit-il ; ils iront aussi en triomphe, mais ce sera à la guillotine. »

GIRONDINS	MONTAGNARDS
Appelés brissotins (du nom de leur chef) pendant la Révolution. Lamartine popularisa le nom de « girondins » (plusieurs venaient du Sud-Ouest) en 1840.	On les appelle ainsi parce qu'ils siègent sur les bancs les plus hauts de l'Assemblée.
Ils s'appuient sur la province.	Ils s'appuient sur Paris et les grandes communes urbaines, le Club des jacobins, la Commune de Paris.
Ils sont issus de la bourgeoisie d'affaires, grand commerce et manufactures.	Ils sont issus de la petite et moyenne bourgeoisie ; sont plus sensibles aux difficultés des classes populaires.
Figures importantes	
Brissot, Vergniaud, Guadet, Pétion, Barbaroux, Buzot, Roland.	Robespierre, Danton, Marat, Saint-Just, Couthon, Collot-d'Herbois, Billaud-Varenne.

Le 31 mai 1793

Livre X, chapitre X

L'insurrection populaire soutient la Montagne, demande la mise en accusation des députés girondins et la suppression de la commission des Douze créée à leur instigation pour entamer des poursuites contre certains membres de la Commune de Paris. Dans le récit de Michelet, ce n'est pas le peuple qui a l'initiative de l'action révolutionnaire, il n'est que la dupe du jeu politique et sa victime potentielle. Son arrivée impromptue le 31 mai ne fait qu'évoquer momentanément un âge d'or perdu.

Pendant que la droite dispute contre elle-même, fait la difficile et la dédaigneuse, ne veut pas de la victoire[1],

1. Barère venait de proposer qu'en compensation de la suppression de la commission des Douze, on redonnât à la Convention la direction de la force armée dont disposait le Comité de Salut public. Les girondins ne voulurent pas de ce compromis.

l'insurrection accouche ; deux noirs orages se forment enfin et vont fondre sur l'Assemblée.

L'insurrection *morale* des amis de Robespierre* a dressé l'acte d'accusation de la Gironde, et va venir, avec une mase de sans-culottes, armés, étouffer *moralement* les libertés de l'Assemblée.

L'insurrection maratiste travaille le faubourg Saint-Antoine, employant cette dernière arme, infâme et désespérée, d'aller criant par les rues *que la Butte-des-Moulins a pris la cocarde blanche*, proclamé la contre-Révolution. Tout le faubourg est en branle. A cinq heures un noir torrent roule par la rue Saint-Antoine, par la Grève, par la rue Saint-Honoré. [...]

L'insurrection jacobine fit, la première, son apparition. Les jacobins qui avaient, par leur comité de salut public, pris possession de la Commune, se présentent à l'Assemblée, se disent la Commune même ; Lhuillier portait la parole. Le discours, écrit avec soin, était une pièce littéraire de rhétorique jacobine, sentimentale et violente. La virulente accusation commençait par une élégie : Était-il donc bien vrai qu'on eût formé le projet d'anéantir Paris[1] ?... Quoi ! détruire tant de richesses, détruire les sciences et les arts ! le dépôt sacré des connaissances humaines ! etc. Pour sauver les sciences et les arts, il fallait mettre en accusation Vergniaud*, Isnard*, les girondins, champions du royalisme et fauteurs de la Vendée.

Le cordonnier-homme-de-loi, à l'appui de son aigre plaidoirie pour la civilisation, laissait voir à ses côtés une masse de sauvages armés de bâtons, de piques. Il avait à peine fini que cette foule bruyante força la barre de l'Assemblée, inonda la salle. Il semble pourtant que ce fut moins un acte d'hostilité qu'une sorte

1. Le girondin Isnard avait eu l'imprudence de dire, le 25 juin, en riposte aux attaques de la Commune et de la Montagne, que « si jamais la Convention était avilie... on chercherait sur les rives de la Seine si Paris a existé ».

de bonhomie barbare ; ils envahirent, non la droite, mais le côté qu'ils aimaient, le côté des montagnards ; ils se précipitèrent sur eux *pour fraterniser*. Un dantoniste cria que le président devait les inviter à se retirer. Levasseur, avec plus de présence d'esprit, engagea les montagnards à se réfugier aux bancs peu garnis de la droite, et toute la Montagne y passa.

Personne, ni les dantonistes, ni les girondins, ni le centre, ne voulait plus délibérer. Le groupe seul des robespierristes paraissait se résigner à l'invasion populaire.

Vergniaud proposa que la Convention abandonnât la salle et se mît sous la protection de la force armée qui était au Carrousel. Lui-même descendit de sa place ; sortit... mais presque seul...

Le centre resta cloué à ses bancs. Le mouvement du jeune orateur appelant la Convention à s'affranchir elle-même, quittant ce lieu de servitude, secouant la poussière de ses souliers et cherchant la liberté sous le ciel, n'eut aucun effet sur le centre ; il renouvela, irrita l'envie sournoise des meneurs muets, des Sieyès et autres. Ils comprirent que, comme *il n'est qu'un pas du sublime au ridicule*, il leur suffisait de rester, de ne rien entendre, ne rien voir, ne rien faire, pour briser Vergniaud. Ils repoussèrent cette royauté morale du génie. Ils préférèrent, en ce jour, la royauté de la force.

Robespierre* avait vaincu. Pour la première fois depuis le matin, au bout d'une séance si longue, il prit la parole. Il se sentait bien fort, ayant pour lui non seulement la fureur de la Montagne et la brutalité de l'invasion populaire, mais la trahison du centre, le suicide volontaire de l'Assemblée elle-même.

« Je n'occupe pas l'Assemblée de la fuite de ceux qui désertent ses séances (Vergniaud rentrait à ce moment)... Supprimer les Douze, ce n'est pas assez ; il faut les poursuivre... Quant à remettre la force armée aux mains de la Convention, je n'admets pas cette mesure. Cette force est armée contre les traîtres, sans doute ; mais les traîtres où sont-ils ? Dans la Convention même. Quant aux autres propositions... »

Vergniaud : « Concluez... »

Robespierre : « Je conclus, et contre vous... Contre vous qui, après la révolution du 10 août, vouliez mener à l'échafaud ceux qui l'avaient faite, contre vous qui provoquez la destruction de Paris, vous, complices de Dumouriez[1]... »

Sa fureur était si grande qu'il ne s'apercevait pas que ce torrent d'invectives pouvait avoir un résultat immédiat et tragique. Lancé sur un homme déjà en péril et sous le couteau, l'issue pouvait être, non pas de le mettre en accusation (comme le demandait Robespierre), mais de le faire mettre en pièces.

La chose eût eu lieu peut-être. Mais la salle, déjà si pleine, allait s'emplissant encore d'une invasion nouvelle, d'une foule animée de sentiments différents. Ces nouveaux venus, mêlés de sans-culottes aux bras nus et de gardes nationaux, avaient cela de commun, que leurs visages brillaient d'une allégresse singulière.

La sombre Assemblée robespierrisée, qui s'affaissait sur elle-même, fut tout à coup, malgré l'heure avancée du soir (il était neuf heures), illuminée d'un joyeux rayon du matin.

Cette fois, c'était le peuple.

Contons cette belle histoire.

Nous avons dit comment les honnêtes maratistes avaient trouvé moyen de faire que Paris s'égorgeât. Ils avaient dénoncé au faubourg Saint-Antoine la section de la Butte-des-Moulins *comme ayant pris la cocarde blanche*, calomnie perfide qui contenait un appât ignoble. La section dénoncée était celle des marchands du Palais-Royal, du quartier Saint-Honoré, des orfèvres, horlogers, bijoutiers et joailliers. C'était à la fois un appel et au meurtre et au pillage.

1. Le 18 mars 1793, après avoir subi une défaite à Neerwinden, Dumouriez était passé dans le camp autrichien.

Le faubourg hésita un moment de croire les meneurs. Le procès-verbal des Quinze-Vingts témoigne que le peuple disait : « Nous voudrions savoir du moins pourquoi nous allons marcher... » La crédulité gagna néanmoins ; le faubourg descendit en armes, ému et très décidé à mettre les royalistes à la raison. La colonne était énorme ; le seul nom du royalisme relevant la tête avait mis dans ce brave peuple l'unanimité terrible de la prise de la Bastille. Ils descendirent tous, et la masse grossissant encore sur la route, arrivés au Palais-Royal, ils étaient, dit-on, vingt mille.

Ceux de la Butte-des-Moulins, effrayés, mais résolus à vendre leur vie, s'étaient mis en bataille, dans le jardin du Palais-Royal. Portes, grilles, tout était fermé : mesure de défense, mais fort dangereuse. Toute communication étant interdite, on allait se massacrer sans savoir seulement si l'on était ennemi. Les canons, des deux côtés, étaient chargés, prêts à tirer. Il y eut heureusement quelques hommes de bon sens dans ceux du faubourg, qui dirent qu'avant tout il fallait pourtant aller voir s'ils avaient vraiment la cocarde blanche.

Ils demandèrent à entrer, franchirent les grilles, ne virent que le bonnet de la liberté et les trois couleurs. Tous criaient le même cri, celui de la République : les grilles et les portes s'ouvrent, la place est prise d'un élan, l'élan de la fraternité. On s'explique, on s'excuse, on s'embrasse. La violence des émotions contraires, le passage si rapide de la fureur à l'amitié, furent tels que plusieurs n'eurent pas assez de force pour y tenir ; ils y succombèrent. Un commandant s'évanouit ; il est frappé d'un coup de sang ; la stupeur succède à la joie, on court chercher un chirurgien, on le saigne, il est sauvé... Joie nouvelle, et des cris immenses de : « Vive la République ! »

Le Palais-Royal, galeries, jardins, les rues d'alentour et tout le quartier, prirent un moment un aspect de fête ; on but, on dansa. Puis, se remettant en colonnes, les gens du Palais-Royal reconduisirent fraternellement leurs amis du grand faubourg.

Mais auparavant les uns et les autres avaient voulu donner à la Convention la bonne nouvelle de paix. Pour cela, ils l'envahirent, et cette pression nouvelle arrivant par-dessus l'autre, tout le monde faillit étouffer. [...]

« Législateurs, dit l'un d'eux plein d'enthousiasme, la réunion vient de s'opérer ! La réunion du faubourg, de la Butte-des-Moulins et des sections voisines. On voulait qu'ils s'égorgeassent, ils viennent de s'embrasser... »

Ce fut un coup de théâtre. Tout fut fini pour ce jour. Plus d'accusation. Tout ce que Robespierre obtint, ce fut la suppression des Douze, déjà supprimés par le fait. Barère*, rédacteur du décret, y mit un article ambigu, à double entente : « Qu'on poursuivrait les complots. »

Lesquels ? ceux de l'Évêché[1] ? ou bien ceux des girondins ? On pouvait choisir.

Un dantoniste proposa : que la Convention, levant la séance, fraternisât avec le peuple. Elle sortit en effet, descendit sur la terrasse des Feuillants, et parcourut, aux flambeaux, les Tuileries, puis le Carrousel. Paris fut illuminé.

La crise se dénoue le 2 juin. La Convention, encerclée par les troupes de la garde nationale, livre les vingt-deux députés girondins dont la Commune et la Montagne demandaient la mise en accusation.

1. Quartier général des « Enragés », c'est-à-dire des révolutionnaires les plus extrémistes (Jacques Roux, Chaumette...).

Chronologie sommaire des événements évoqués dans la septième partie

27-29 juin 1793 :
Les forces vendéennes convergent vers Nantes. Mort de Cathelineau. Les Vendéens lèvent le siège de Nantes.

13 juillet :
Assassinat de Marat par Charlotte Corday.

19 juillet :
Exécution de Charlotte Corday.

27 juillet :
Robespierre entre au Comité de Salut public.

4-5 septembre :
Émeutes populaires à Paris. La Terreur est mise à l'ordre du jour.

5 octobre :
Adoption du calendrier révolutionnaire.

10 octobre (5 vendémiaire an II) :
Le gouvernement est déclaré révolutionnaire jusqu'à la paix.

7

La République assiégée
(juin-octobre 1793)
Livres XI et XII

Le siège de Nantes
27-29 juin 1793
Livre XI, chapitre VI

Le soulèvement vendéen qui a éclaté en mars 1793 est devenu une véritable guerre qui ravage tout l'Ouest. L'armée catholique et royale s'est emparée de Saumur le 9 juin, d'Angers le 18 juin. Nantes à son tour est dans une situation plus que critique.

La grande armée vendéenne environnait déjà la ville. C'était le 28 au soir. On voyait sur les collines et dans les prairies de grands feux qui s'allumaient. Des fusées d'artifice qui montaient au ciel étaient les signaux que, de la rive droite, l'armée faisait à Charette*[1] qui était sur la rive gauche. Les assiégeants arrivaient très confusément, s'appelaient par de grands cris pour se réunir par paroisses ; ayant encore peu de tambours, ils y suppléaient en hurlant dans des cornes de bœufs. Ces sons barbares et sinistres, qui semblaient

1. Un des chefs vendéens. (Voir Index.)

moins des voix d'hommes que de bêtes, remplissaient tout de terreur ; on disait dans les rues de Nantes :

« Voilà les brigands ! »

Le peuple était fort ému, frémissant à la fois de crainte et de courage ; plus on craignait, plus on sentait qu'il fallait combattre à mort. Malheureusement les soldats de ligne (qui pourtant se battirent très bien) goûtaient fort l'avis de leurs chefs qui étaient pour la retraite. On en jugera par ce fait. Un Nantais (M. Joly), rentrant en ville avec du blé, les soldats veulent le lui prendre. « Pourquoi me prenez-vous mon blé, quand vous ne manquez pas de pain ? — C'est, disent-ils, pour que les Nantais, n'ayant pas de vivres, n'essaient pas de se défendre. »

L'évacuation commençait. Les canons, les caisses d'argent, les voitures du général, du représentant, tout était prêt au départ. Un événement populaire changea la face des choses.

Un bateau ramena par l'Erdre ce qui restait du glorieux, de l'infortuné bataillon Meuris, une trentaine d'hommes sur cinq cents. Le bataillon avait tenu son serment. Il s'ensevelit à Nort, pour donner huit heures de délai à la ville de Nantes. L'attaque, ainsi retardée, manqua, Nantes fut sauvée. Disons mieux, la France le fut. Son salut, dit Napoléon, tenait au salut de Nantes.

Lorsque la France se souviendra d'elle-même, deux colonnes, l'une à Nort, l'autre à Nantes, rappelleront ce que nous devons à l'immortel bataillon et au ferblantier Meuris.

Il faut dire que le bataillon avait trouvé dans Nort même, cette toute petite bourgade, une admirable garde nationale. Nort, la sentinelle de Nantes, parmi les tourbières de l'Erdre, était constamment aux mains. Rien n'était plus patriote. Émigrée une fois tout entière devant l'ennemi, elle s'était reconquise elle-même. Nantes lui avait, à cette occasion, voté un secours d'honneur, de reconnaissance. Les hommes du club

Vincent[1], Chaux surtout, dont on retrouve partout la main dans les grandes choses, avait formé, choyé cette vaillante avant-garde de la capitale de l'Ouest.

Nort n'a ni mur ni fossé, sauf l'Erdre qui passe devant, et elle tint toute une nuit. A la vivacité du feu, les Vendéens ne soupçonnèrent pas le petit nombre de ses défenseurs. Au petit jour, une femme de Nort fit semblant de poursuivre une poule, passa la rivière à gué, montra le gué aux Vendéens. Cette femme a vécu jusqu'en 1820 en exécration dans tout le pays.

Les cavaliers vendéens, prenant chacun en croupe un Breton (ces Bretons étaient d'excellents tireurs), passèrent et se trouvèrent alors front à front avec Meuris.

Meuris, entre autres vaillants hommes, avait à lui deux capitaines qui méritent bien qu'on en parle. L'un était un très beau jeune homme, aimé des hommes, adoré des femmes, un Nantais de race d'Irlande, le maître d'armes O'Sullivan, tête prodigieusement exaltée, noblement folle, à l'irlandaise ; c'était une lame étonnante, d'une dextérité terrible, dont tout coup donnait la mort. L'autre, non moins brave, était un nommé Foucauld, véritable dogue de combat, dont on a trop légèrement accusé la férocité ; eût-il mérité ce reproche, ce qu'il a fait pour la France dans cette nuit mémorable a tout effacé dans nos souvenirs.

Ces hommes obstinés, acharnés, disputèrent tout le terrain pied à pied à la baïonnette ; puis, quand ils eurent perdu Nort, ils continuèrent de se battre sur une hauteur voisine, jusqu'à ce qu'ils fussent tous par terre entassés en un monceau. L'Irlandais, percé de coups, dit à Meuris : « Pars ! laisse-moi, et va dire aux Nantais d'en faire autant ! »

Meuris empoigna le drapeau. Il ne voyait plus que trente hommes autour de lui. Ils reviennent ainsi à

1. Le club de Vincent-la-Montagne rassemblait les patriotes nantais.

Nantes, couverts de sang. Qu'on juge de l'impression quand on vit ces revenants, quand on apprit qu'un bataillon avait arrêté une armée, quand on demanda où était ce corps intrépide, et qu'on sut qu'il était resté pour garder éternellement le poste où le mit la Patrie.

Les trente étaient encore si furieux du combat, qu'ils ne sentaient pas leurs blessures. Foucauld était effroyable par un coup bizarre qui lui abattit la peau de la face ; le dur Breton, sans s'étonner, avait ramassé son visage, et, en allant à l'hôpital, il criait de toutes ses forces : « Vive la République ! »

Le peuple grandit en ce moment d'une manière extraordinaire. Il parla avec autorité à ses magistrats. Il fit revenir Merlin[1] qui était déjà parti. On le retint chez Coustard[2], qui enfin lui fit entendre raison. Du reste, on avait coupé les traits des chevaux et dételé les voitures. Merlin, le jurisconsulte, fut forcé d'être un héros.

Si Meuris n'avait tenu huit heures à Nort, Autichamp[3] et ses Vendéens seraient arrivés le soir, et le combat eût commencé, comme il était dit, à deux heures de la nuit, un moment avant le jour. Il ne commença que fort tard, à dix heures, en pleine et chaude matinée. Charette avait tiré à deux heures, et se morfondait dans l'attente, ne sachant comment expliquer le silence de la grande armée.

Il lui manquait ce corps d'élite, ces tireurs bretons retardés à Nort, quatre mille hommes qui, faute de barques, durent sans doute venir à pied. Ce corps venu et reposé, l'attaque commença vivement par les routes de Paris, de Vannes, et au centre par celle de Rennes.

1. Merlin de Douai, député à la Convention, envoyé en mission à Nantes.
2. D'origine nantaise, élu à la Législative, puis à la Convention et envoyé en mission à Nantes.
3. Cousin et beau-frère du chef vendéen Bonchamp.

Beysser[1], voyant bien que Charette ne ferait rien de sérieux, prit des forces au pont coupé qui se gardait de lui-même, les porta sur la route de Paris, chargea Bonchamp avec une fureur extraordinaire et le repoussa.

Au centre, sur la route de Rennes, où était l'affaire la plus chaude, Cathelineau*[2] eut deux chevaux tués sous lui, sans pouvoir forcer le passage. L'artillerie républicaine, servie admirablement par les canonniers de Paris, arrêtait les Vendéens. Là se tenait, froid et paisible, Canclaux[3], observant le combat. Là, Baco, le vaillant maire, remarquable par sa forte tête, couverte d'épais cheveux blancs, dans sa juvénile ardeur, encourageait tout le monde, jusqu'à ce qu'une balle le forçât de quitter la place. On le mit dans un tombereau. Mais lui, souriant toujours, criait : « Ne voyez-vous pas ? c'est le char de la victoire. »

Les Vendéens étaient parfaitement instruits de l'état intérieur de la place, de la rivalité, des défiances mutuelles des montagnards et des girondins. Ils employèrent une ruse de sauvages, qui témoigne également de leur perfidie et de leur dévouement fanatique. Trois paysans, l'air effrayé, viennent se jeter aux avant-postes, se font prendre. Des grenadiers d'un bataillon de Maine-et-Loire leur demandent comment vont les affaires des Vendéens ? « Elles iraient mal, disent simplement ces bonnes gens, si nous n'avions pour nous un représentant du peuple, qui est depuis longtemps à Nantes et nous fait passer des cartouches... — Comment se nomme-t-il ? — Coustard... »

Cette accusation, jetée en pleine bataille, était infiniment propre à diviser les assiégés, à susciter des querelles entre eux, qui sait ? peut-être à les mettre aux prises les uns contre les autres.

Cathelineau, selon toute apparence, n'avait attaqué

1. Général républicain.
2. Voir supra p. 122.
3. Général républicain.

de front la route de Rennes que pour occuper la meilleure partie des forces nantaises. Pendant que cette attaque continuait, le chef rusé qui connaissait à merveille les ruelles de Nantes, les moindres passages, prit avec lui ses braves, sa légion personnelle, ses voisins du Pin-en-Mauges ; il se glissa entre les jardins, et il arriva ainsi au coin de la place Viarme. Avant qu'il fût sorti encore de la rue du Cimetière pour déboucher dans la place, un savetier qui se tenait à sa mansarde (du n° 1) vit l'homme au panache blanc avec l'état-major brigand, appuya tranquillement son fusil sur la fenêtre, tira juste... L'homme tomba.

La Vendée, frappée du coup, n'alla pas plus loin. Ils l'avaient cru invulnérable ; ils furent tous blessés à l'âme ; si profondément blessés, qu'ils ne s'en sont jamais relevés.

Au moment même où il tomba, ils commencèrent à réfléchir. Ils n'avaient jamais réfléchi.

Ils commencèrent à avoir faim, et à remarquer que le pain manquait.

Ils s'aperçurent aussi qu'un canon était démonté, et qu'il était tard pour refaire la batterie.

Ils apprirent que Westermann*[1], l'étourdi, l'audacieux, avait percé au fond de la Vendée ; qu'il allait prendre Châtillon, pendant qu'ils ne prenaient pas Nantes.

Extraordinairement refroidis par ces graves réflexions, ils se mirent, de côté et d'autre, à faire leurs arrangements et replier leurs bagages. En avançant dans la journée, et le soir, il se trouva que tous étaient prêts à partir. Leurs généraux, qui le voyaient, se hâtèrent d'en donner l'ordre, de peur qu'ils ne s'en passassent.

Pour célébrer leur départ, et de crainte de quelque surprise, Nantes illumina le soir et toute la nuit. Chacun mangea sous les armes ; on dressa des tables tout le long du quai magnifique, par-devant la grande

1. Général républicain.

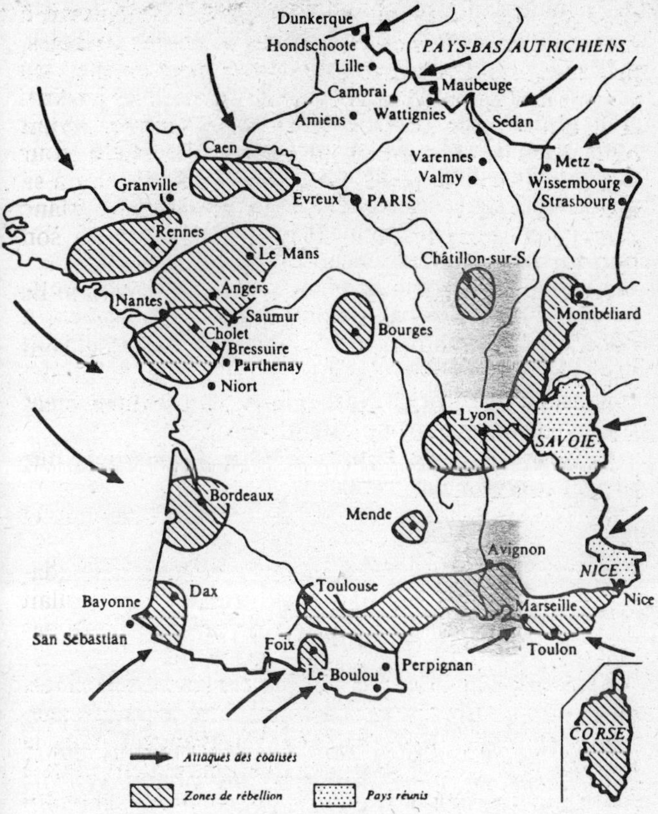

La République assiégée (juillet-août 1793).

Carte extraite de *La République jacobine*, Marc Bouloiseau, collection Points, Seuil, 1972.

Loire, sur une ligne d'une lieue. Debout, gardes nationaux et soldats, Nantais, Parisiens, Français de tout département, prirent ensemble le repas civique, buvant à la République, à la France, à la fin de la guerre civile, à la mort de la Vendée.

Charette, qui, par-dessus les prairies, voyait l'illumination, et Nantes resplendissante de cette fête nationale, voulut avoir la sienne aussi. Il s'ennuyait là depuis vingt-quatre heures ; la grande armée était partie sans songer seulement à l'avertir. Il dédommagea la sienne en lui donnant les violons. Après avoir quelque peu canonné encore, jusqu'au soir du lendemain, pour montrer que même seul il n'avait pas peur, le soir il ouvrit le bal. Selon l'usage consacré de nos pères, qui ne manquaient jamais de danser dans la tranchée, les joyeux bandits de Charette firent des rondes, et, pour dire à Nantes le bonsoir de cette noce, tirèrent quatre coups de canon.

Ce jour fut grand pour la France. Il établit solidement le divorce des Vendéens.

La mort de Marat
13 juillet 1793

Livre XII, chapitre III

A la guerre des Vendéens vient s'ajouter la révolte fédéraliste : dans les départements où ils étaient en force, les girondins organisèrent la résistance à la Convention. Caen, d'où vient Charlotte Corday, était la capitale de l'Ouest girondin. A Caen, « Marat était le nom commun sous lequel on plaçait tous les crimes réels ou possibles » (Michelet). Charlotte Corday était-elle royaliste ? girondine ? Ni l'une ni l'autre selon Michelet, seulement arrière-petite-nièce de Corneille.*

« Sublime et raisonneuse, comme son oncle, à la normande, elle fit ce raisonnement : la Loi est la Paix même. Qui a tué la Loi au 2 juin ? Marat surtout. Le meurtrier de la Loi tué, la Paix va refleurir. La mort d'un seul sera la vie de tous. »

Arrivée depuis peu à Paris, Charlotte Corday se fait indiquer le Palais-Royal...

Dans ce jardin plein de soleil, égayé d'une foule riante, et parmi les jeux des enfants, elle chercha, trouva un coutelier, et acheta quarante sous un couteau, frais émoulu, à manche d'ébène, qu'elle cacha sous son fichu.

La voilà en possession de son arme ; comment s'en servira-t-elle ? Elle eût voulu donner une grande solennité à l'exécution du jugement qu'elle avait porté sur Marat*.

Sa première idée, celle qu'elle conçut à Caen, qu'elle couva, qu'elle apporta à Paris, eût été d'une mise en scène saisissante et dramatique. Elle voulait le frapper au Champ-de-Mars, par-devant le peuple, par-devant le ciel, à la solennité du 14 juillet ; punir, au jour anniversaire de la défaite de la royauté, ce roi de l'anarchie. Elle eût accompli à la lettre, en vraie nièce de Corneille, les fameux vers de *Cinna* :

Demain au Capitole il fait un sacrifice...
Qu'il en soit la victime, et faisons en ces lieux
Justice au monde entier, à la face des dieux.

La fête étant ajournée, elle adoptait une autre idée, celle de punir Marat au lieu même de son crime, au lieu où, brisant la représentation nationale, il avait dicté le vote de la Convention, désigné ceux-ci pour la vie, ceux-là pour la mort[1]. Elle l'aurait frappé au

1. Michelet fait ici allusion au rôle qu'a joué Marat dans l'arrestation des députés girondins, le 2 juin 1793.

sommet de la Montagne. Mais Marat était malade ; il n'allait plus à l'Assemblée.

Il fallait donc aller chez lui, le chercher à son foyer, y pénétrer à travers la surveillance inquiète de ceux qui l'entouraient ; il fallait, chose pénible, entrer en rapport avec lui, le tromper. C'est la seule chose qui lui ait coûté, qui lui ait laissé un scrupule et un remords.

Le premier billet qu'elle écrivit à Marat resta sans réponse. Elle en écrivit alors un second, où se marque une sorte d'impatience, le progrès de la passion. Elle va jusqu'à dire : « Qu'elle lui révélera des secrets ; qu'elle est persécutée, qu'elle est malheureuse... », ne craignant point d'abuser de la pitié pour tromper celui qu'elle condamnait à mort comme impitoyable, comme ennemi de l'humanité.

Elle n'eut pas besoin, du reste, de commettre cette faute ; elle ne remit point le billet.

Le soir du 13 juillet, à sept heures, elle sortit de chez elle, prit une voiture publique à la place des Victoires, et, traversant le Pont-Neuf, descendit à la porte de Marat, rue des Cordeliers, nº 20 (aujourd'hui rue de l'École-de-Médecine, nº 18). C'est la grande et triste maison avant celle de la tourelle, qui fait le coin de la rue.

Marat demeurait à l'étage le plus sombre de cette sombre maison, au premier, étage commode pour le mouvement du journaliste et du tribun populaire, dont la maison est publique autant que la rue, pour l'affluence des porteurs, afficheurs, le va-et-vient des épreuves, un monde d'allants et venants. L'intérieur, l'ameublement, présentaient un bizarre contraste, fidèle image des dissonances qui caractérisaient Marat et sa destinée. Les pièces fort obscures qui étaient sur la cour, garnies de vieux meubles, de tables sales où l'on pliait les journaux, donnaient l'idée d'un triste logement d'ouvrier. Si vous pénétriez plus loin, vous trouviez avec surprise un petit salon sur la rue, meublé en damas bleu et blanc, couleurs délicates et galantes, avec de beaux rideaux de soie et des vases de porcelaine, ordinairement garnis de fleurs. C'était visiblement le logis d'une femme, d'une femme bonne, attentive et tendre, qui, soigneuse, parait pour l'homme voué à ce mortel travail le lieu du repos. C'était là le mystère de la vie de Marat, qui fut plus tard dévoilé par sa sœur ; il n'était pas chez lui, il n'avait pas de *chez lui* en ce monde. « Marat ne faisait point ses frais (c'est sa sœur Albertine qui parle) ; une femme divine, touchée de sa situation, lorsqu'il fuyait de cave en cave, avait pris et caché chez elle l'Ami du peuple, lui avait voué sa fortune, immolé son repos. »

On trouva dans les papiers de Marat une promesse de mariage à Catherine Évrard. Déjà il l'avait épousée *devant le soleil, devant la nature.*

Cette créature infortunée et vieillie avant l'âge se consumait d'inquiétude. Elle sentait la mort autour de Marat ; elle veillait aux portes, elle arrêtait au seuil tout visage suspect.

Celui de Mlle Corday était loin de l'être ; sa mise décente de demoiselle de province prévenait pour elle.

Dans ce temps où toute chose était extrême, où la tenue des femmes était ou négligée ou cynique, la jeune fille semblait bien de bonne vieille roche normande, n'abusant point de sa beauté, contenant par un ruban vert sa chevelure superbe sous le bonnet connu des femmes du Calvados, coiffure modeste, moins triomphale que celle des dames de Caux. Contre l'usage du temps, malgré une chaleur de juillet, son sein était sévèrement recouvert d'un fichu de soie qui se renouait solidement derrière la taille. Elle avait une robe blanche, nul autre luxe que celui qui recommande la femme, les dentelles du bonnet flottantes autour de ses joues. Du reste, aucune pâleur, des joues roses, une voix assurée, nul signe d'émotion.

Elle franchit d'un pas ferme la première barrière, ne s'arrêtant pas à la consigne de la portière, qui la rappelait en vain. Elle subit l'inspection peu bienveillante de Catherine, qui, au bruit, avait entrouvert la porte et voulait l'empêcher d'entrer. Ce débat fut entendu de Marat, et les sons de cette voix vibrante, argentine, arrivèrent à lui. Il n'avait nulle horreur des femmes, et, quoique au bain, il ordonna impérieusement qu'on la fît entrer.

La pièce était petite, obscure. Marat au bain, recouvert d'un drap sale et d'une planche sur laquelle il écrivait, ne laissait passer que la tête, les épaules et le bras droit. Ses cheveux gras, entourés d'un mouchoir ou d'une serviette, sa peau jaune et ses membres grêles, sa grande bouche batracienne, ne rappelaient pas beaucoup que cet être fût un homme. Du reste, la jeune fille, on peut bien le croire, n'y regarda pas. Elle avait promis des nouvelles de Normandie : il les demanda, les noms surtout des députés réfugiés à Caen ; elle les nomma, et il écrivait à mesure. Puis, ayant fini : « C'est bon ! dans huit jours ils iront à la guillotine. »

Charlotte, ayant dans ces mots trouvé un surcroît de force, une raison pour frapper, tira de son sein le couteau, et le plongea tout entier jusqu'au manche au cœur de Marat. Le coup tombant ainsi d'en haut, et frappé avec une assurance extraordinaire, passa près de la clavicule, traversa tout le poumon, ouvrit le tronc des carotides et tout un fleuve de sang.

« A moi, ma chère amie ! » C'est tout ce qu'il put dire, et il expira.

Paris fit à Marat des funérailles grandioses, ses cendres furent transportées au Panthéon et il devint, avec Le Peletier de Saint-Fargeau (le député assassiné le jour de la condamnation du roi) et Chalier (montagnard lyonnais guillotiné par les fédéralistes), un des martyrs de la Révolution. Michelet passe sous silence cette apothéose posthume de Marat. C'est Charlotte Corday, figure de vierge guerrière comparable dans l'œuvre de Michelet à celle de Jeanne d'Arc, qui a les honneurs du martyre.

La mort de Charlotte Corday
19 juillet 1793

Livre XII, chapitre IV

Au moment où elle monta sur la charrette, où la foule, animée de deux fanatismes contraires, de fureur ou d'admiration, vit sortir de la basse arcade de la Conciergerie la belle et splendide victime dans son manteau rouge, la nature sembla s'associer à la passion humaine, un violent orage éclata sur Paris. Il dura peu, sembla fuir devant elle, quand elle apparut au Pont-Neuf et qu'elle avançait lentement par la rue Saint Honoré. Le soleil revint haut et fort ; il n'était pas sept heures du soir (19 juillet). Les reflets de l'étoffe rouge relevaient d'une manière étrange et toute fantastique l'effet de son teint, de ses yeux.

On assure que Robespierre*, Danton*, Camille Desmoulins* se placèrent sur son passage et la regardèrent. Paisible image, mais d'autant plus terrible, de la Némésis révolutionnaire, elle troublait les cœurs, les laissait pleins d'étonnement.

Les observateurs sérieux qui la suivirent jusqu'aux derniers moments, gens de lettres, médecins, furent frappés d'une chose rare ; les condamnés les plus fermes se soutenaient par l'animation, soit par des chants patriotiques, soit par un appel redoutable qu'ils lançaient à leurs ennemis. Elle montra un calme parfait, parmi les cris de la foule, une sérénité grave et simple ; elle arriva à la place dans une majesté singulière, et comme transfigurée dans l'auréole du couchant.

Un médecin qui ne la perdait pas de vue dit qu'elle lui sembla un moment pâle, quand elle aperçut le couteau. Mais ses couleurs revinrent, elle monta d'un pas ferme. La jeune fille reparut en elle au moment où le bourreau lui arracha son fichu ; sa pudeur en souffrit, elle abrégea, avançant elle-même au-devant de la mort.

Au moment où la tête tomba, un charpentier maratiste, qui servait d'aide au bourreau, l'empoigna brutalement, et, la montrant au peuple, eut la férocité indigne de la souffleter. Un frisson d'horreur, un murmure parcourut la place. On crut voir la tête rougir. Simple effet d'optique peut-être ; la foule, troublée à ce moment, avait dans les yeux les rouges rayons du soleil qui perçait les arbres des Champs-Élysées.

La Commune de Paris et le Tribunal donnèrent satisfaction au sentiment public, en mettant l'homme en prison.

Parmi les cris des maratistes, infiniment peu nombreux, l'impression générale avait été violente d'admiration et de douleur. On peut en juger par l'audace qu'eut *La Chronique de Paris*, dans cette grande servitude de la presse, d'imprimer un éloge, presque sans restriction, de Charlotte Corday.

Beaucoup d'hommes restèrent frappés au cœur, et n'en sont jamais revenus. On a vu l'émotion du président, son effort pour la sauver, l'émotion de l'avocat, jeune homme timide, qui cette fois fut au-dessus de lui-même. Celle du peintre ne fut pas moins grande. Il exposa cette année un portrait de Marat, peut-être pour s'excuser d'avoir peint Charlotte Corday[1]. Mais son nom ne paraît plus dans aucune

1. Le peintre Hauer avait fait le portrait de Charlotte Corday quelques moments avant l'exécution. Ce tableau se trouve aujourd'hui au musée de Versailles.

exposition. Il semble n'avoir plus peint depuis cette œuvre fatale.

L'effet de cette mort fut terrible : ce fut de faire aimer la mort.

Son exemple, cette calme intrépidité d'une fille charmante, eut un effet d'attraction. Plus d'un qui l'avait entrevue mit une volupté à la suivre, à la chercher dans les mondes inconnus. Un jeune Allemand, Adam Lux, envoyé à Paris pour demander la réunion de Mayence à la France, imprima une brochure où il demande à mourir pour rejoindre Charlotte Corday. Cet infortuné, venu ici le cœur plein d'enthousiasme, croyant contempler face à face dans la Révolution française le pur idéal de la régénération humaine, ne pouvait supporter l'obscurcissement précoce de cet idéal ; il ne comprenait pas les trop cruelles épreuves qu'entraîne un tel enfantement. Dans ses pensées mélancoliques, quand la liberté lui semble perdue, il la voit, c'est Charlotte Corday. Il la voit au tribunal, touchante, admirable d'intrépidité ; il la voit majestueuse et reine sur l'échafaud... Elle lui apparut cent fois... Assez ! il a bu la mort.

« Je croyais bien à son courage, dit-il, mais que devins-je quand je vis toute sa douceur parmi les hurlements barbares, ce regard pénétrant, ces vives et humides étincelles jaillissant de ses beaux yeux, où parlait une âme tendre autant qu'intrépide !... Ô souvenir immortel ! émotions douces et amères que je n'avais jamais connues ! Elles soutiennent en moi l'amour de cette Patrie pour laquelle elle voulut mourir, et dont, par adoption, moi aussi je suis le fils. Qu'ils m'honorent maintenant de leur guillotine, elle n'est plus qu'un autel ! »

Ame pure et sainte, cœur mystique, il adore Charlotte Corday, et il n'adore point le meurtre.

« On a droit, sans doute, dit-il, de tuer l'usurpateur et le tyran, mais tel n'était point Marat. »

Remarquable douceur d'âme. Elle contraste fortement avec la violence d'un grand peuple qui devint amoureux de l'assassinat. Je parle du peuple girondin et même des royalistes. Leur fureur avait besoin d'un saint et d'une légende. Charlotte était un bien autre souvenir, d'une tout autre poésie que celui de Louis XVI, vulgaire martyr, qui n'eut d'intéressant que son malheur.

Une religion se fonde dans le sang de Charlotte Corday : la religion du poignard.

André Chénier écrit un hymne à la divinité nouvelle :

> Ô vertu ! le poignard, seul espoir de la terre,
> Est ton arme sacrée[1] !...

Cet hymne, incessamment refait en tout âge et dans tout pays, reparaît au bout de l'Europe dans *L'Hymne au poignard*, de Pouchkine[2].

Le vieux patron des meurtres héroïques, Brutus, pâle souvenir d'une lointaine antiquité, se trouve transformé désormais dans une divinité nouvelle plus puissante et plus séduisante. Le jeune homme qui rêve un grand coup, qu'il s'appelle Alibaud ou Sand[3], de qui rêve-t-il maintenant ? qui voit-il dans ses songes ? est-ce le fantôme de Brutus ? Non, la ravissante Charlotte, telle qu'elle fut dans la splendeur sinistre du manteau rouge, dans l'auréole sanglante du soleil de juillet et dans la pourpre du soir.

1. André Chénier a écrit une *Ode à Marie-Anne-Charlotte Corday.*

2. En 1821, Pouchkine écrit *Le Poignard* (« gardien secret de la liberté, juge suprême de la honte et de l'offense »), un poème séditieux qui circule abondamment sous le manteau.

3. K.L. Sand a assassiné en 1819 l'auteur dramatique allemand Kotzebue convaincu d'être un espion du tsar Alexandre. Louis Alibaud a tenté, le 25 juin 1836, d'assassiner Louis-Philippe d'un coup de feu tiré près du Pont-Royal. Il fut exécuté le 11 juillet suivant.

Le sang de Charlotte Corday

« Pour Michelet, écrit Roland Barthes, le Sang est la substance cardinale de l'Histoire[1]. » C'est la force de vie qui rythme le temps biologique, naturel, de la femme mais dont l'Histoire a besoin justement si elle veut rester vivante. Dans l'épisode de la mort de Charlotte Corday, le sang est évoqué de façon métonymique par la *rougeur* qui baigne toute la scène. « C'est que, pour Michelet, le sang n'est nullement un élément biologique clos, appartenant en propre à telle ou telle personne qui posséderait son sang, comme on a des yeux ou des jambes. C'est un élément cosmique, une substance unique et homogène qui traverse tous les corps, sans rien perdre, dans cette individualisation accidentelle, de son universalité » (Barthes).

Le sang de Charlotte Corday, c'est le sang sacré du sacrifice qui redonne la force vitale au monde et aux hommes, mais aussi le sang ambigu, substance symbole de vie et de mort qui, comme Charlotte elle-même désirable et mortelle, convoque Eros et Thanatos.

1. Roland Barthes, *Michelet par lui-même*, Le Seuil, 1954.

Chronologie sommaire des événements évoqués dans la huitième partie

10 brumaire an II (30 octobre 1793) :
Exécution des girondins.

18 brumaire (8 novembre) :
Exécution de Madame Roland.

10-16 germinal an III (5 avril 1794) :
Arrestation puis procès et exécution des dantonistes.

16 prairial (4 juin) :
Robespierre élu président de la Convention.

20 prairial (8 juin) :
Fête de l'Être suprême.

22 prairial (10 juin) :
Refonte du Tribunal révolutionnaire : début de la Grande Terreur.

9 thermidor (27 juillet) :
Chute des robespierristes.

10 thermidor (28 juillet) :
Exécution des robespierristes.

8

« La Révolution est glacée[1] »
(octobre 1793 - juillet 1794)
Livres XIII à XXI

L'exécution des girondins
30 octobre 1793
Livre XIII, chapitre IX

Le 30 octobre se leva pâle et pluvieux, un de ces jours blafards qui ont l'ennui de l'hiver et n'en ont pas le nerf, la salutaire austérité. Dans ces tristes jours détrempés, la fibre mollit ; beaucoup sont au-dessous d'eux-mêmes. Et l'on avait eu soin de défendre qu'on donnât désormais aucun cordial aux condamnés. Le cadavre, déjà livide, de Valazé[2], mis dans les mêmes charrettes, la tête pendante, sur un banc, était là pour énerver les cœurs, réveiller l'horreur de la mort ; ballotté misérablement à tous les cahots du pavé, il avait l'air de dire : « Tel je suis, et tel tu vas être. »

Au moment où le funèbre cortège des cinq charrettes sortit de la sombre arcade de la Conciergerie, un chœur ardent et fort commença en même temps, une

1. Phrase de Saint-Just.
2. Valazé s'était poignardé devant le tribunal à la lecture de la sentence.

seule voix de vingt voix d'hommes qui fit taire le bruissement de la foule, les cris des insulteurs gagés. Ils chantaient l'hymne sacré : « Allons, enfants de la Patrie !... »

Cette patrie victorieuse les soutenait de son indestructible vie, de son immortalité. Elle rayonnait pour eux dans ce jour obscur d'hiver, où les autres ne voyaient que la boue et le brouillard.

Ils allaient forts de leur foi, d'une foi simple, où tant de questions obscures qui devaient surgir depuis, ne se mêlaient pas encore.

Forts de leur ignorance aussi sur nos destinées futures, sur nos malheurs et sur nos fautes.

Forts de leur amitié, la plupart allaient deux à deux et se réjouissaient de mourir ensemble. Fonfrède et Ducos, couple jeune, innocent, frères par l'hymen de deux sœurs, n'auraient pas voulu de la vie pour survivre séparés. Mainvielle et Duprat[1], couple souillé, voué à la fatalité, frères dans l'amour d'une femme, frères dans ce frénétique amour de la France, qui les précipita au crime, embrassaient cette commune guérison de la vie qui allait les unir encore. Ils chantaient en furieux et sur la triste voiture, et descendant sur la place, et remontant sur l'échafaud ; la pesante masse de fer put seule étouffer leurs voix.

Le chœur allait diminuant à mesure que la faux tombait. Rien n'arrêtait les survivants. On entendait de moins en moins dans l'immensité de la place. Quand la voix grave et sainte de Vergniaud* chanta la dernière, on eût cru entendre la voix défaillante de la République et de la Loi, mortellement atteintes, et qui devaient survivre peu.

> *Omniprésence de la mort*
>
> La mort désormais conduit le bal et dans une immense

1. Compromis tous les deux dans le massacre de la Glacière (Avignon, 1791).

danse macabre les grandes figures de la Révolution se donnent la main vers l'échafaud. Les historiens romantiques, aussi bien Lamartine (dans son *Histoire des girondins*) que Michelet, aiment *mettre en scène* ces moments funèbres où chacun fait preuve, dans le registre qui lui est propre, de son savoir-mourir.

Le 8 novembre 1793, c'est le tour de Madame Roland, l'égérie des girondins.*

Le 8, où elle mourut, était un jour froid de novembre. La nature, dépouillée et morne, exprimait l'état des cœurs ; la Révolution aussi s'enfonçait dans son hiver, dans la mort des illusions. Entre les deux jardins sans feuilles, la nuit tombant (cinq heures et demie du soir), elle arriva au pied de la Liberté colossale, assise près de l'échafaud, à la place où est l'obélisque, monta légèrement les degrés, et, se tournant vers la statue[1], lui dit avec une grave douceur, sans reproche : « O Liberté, que de crimes commis en ton nom ! »

Procès et mort des Indulgents
2-3 avril 1794

Livre XVII, chapitre VII

Danton et ses amis, Camille Desmoulins, Chabot, Bazire, Fabre d'Églantine, entament une campagne sur la nécessité de mettre fin à la Terreur. Les robespierristes tirent parti des compromissions financières de Fabre, Bazire et Chabot dans l'affaire de la liquidation de la Compagnie des Indes pour éliminer les Indulgents de la scène politique. Les dantonistes sont arrêtés le 31 mars. Comme le

1. Une gigantesque statue de David mise en place pour la fête du 10 août 1793.

procès risque de tourner en leur faveur lorsque Danton prend la parole, la Convention vote un décret mettant hors débats les accusés.

Cette horrible discussion[1] eut lieu la nuit du 4 au 5. Le matin, ils étaient tous ou hébétés de fatigue, ou vaincus et subjugués. Les portes s'ouvrent enfin (matin du 5, à 8 heures). Les jurés sortent, Trinchard en tête. Quelqu'un qui se trouva sur leur passage en resta saisi d'horreur. Ils allaient, non comme des hommes, mais comme les mannequins des Furies[2]. Trinchard ne se connaissait plus ; dans un mouvement singulier, faisant la roue de son bras, il se criait à lui-même : « Les scélérats vont périr ! »

« Les jurés étant satisfaits, les débats sont clos, dit Herman[3].

— Clos ? dit Danton* ; comment cela ? Ils n'ont pas encore commencé ! Vous n'avez point lu de pièces ! point entendu de témoins ! »

Camille Desmoulins* avait apporté écrite une véhémente réfutation des calomnies de Saint-Just*. Dans sa rage et son désespoir, voyant que décidément il ne serait point entendu, il froissa, roula ce papier, mouillé de brûlantes larmes, il le lança aux bourreaux.

[...]

Ce qu'Herman avoue encore, c'est que jamais ils ne surent leur jugement. Parmi leurs cris, leur fureur, leur désespoir, on les emporta. Le mot est vrai, à la lettre, pour Camille qui, des deux mains, s'accrocha à son banc. Et comme contre les lois, par la force seule, par un brigandage, on devait l'assassiner, il résista aux

1. Discussion sur l'application du décret mettant hors débats les accusés.

2. Comme s'ils avaient été manipulés par les Furies, les divinités de la Vengeance pour les Romains.

3. Président du tribunal révolutionnaire.

brigands. Il fallut, comme un taureau, l'abattre pour l'enchaîner.

Le jugement était imprimé dès le matin par Nicolas[1] avant la condamnation.

Danton était redevenu tout à fait lui-même, fort calme, seulement inquiet de la France. A travers des mots cyniques, d'une apparente insouciance, il disait des choses très fortes, pleines de sens et de douleur :

« Ah ! f... bêtes ! ils vont crier : Vive la République ! quand ils me verront passer ! »

« Voilà que tout va s'en aller dans un gâchis épouvantable... Encore, si je laissais mes jambes à Couthon* et mes c... à Robespierre*, cela pourrait marcher encore quelque temps. »

[...]

Que la République, qui était eux-mêmes, en vînt à ce renversement monstrueux de les tuer, ils ne le comprirent jamais. Danton averti avait dit : « On ne me touche pas... Je suis l'Arche. » Camille le croyait encore plus. Et pour rassurer Lucile[2], il lui disait (au 10 août et ailleurs) : « Qu'as-tu à craindre ?... Je serai avec Danton. »

Sur la charrette, il disait : « Quoi qu'il arrive à Danton, je partagerai son sort. »

[...]

Mais c'était sur le peuple même que comptait le plus Desmoulins. L'auteur du *Vieux Cordelier* se sentait aimé, béni. Il avait la conscience d'avoir été la voix du peuple, et sa foi en lui était tout entière. Il donna, sur la charrette, le plus extraordinaire spectacle, s'agitant, s'obstinant à croire que jamais la France ne pouvait l'abandonner. « Peuple ! pauvre peuple ! criait-

1. Imprimeur, membre du Comité de surveillance du département de Paris.

2. Lucile Desmoulins, femme de Camille, guillotinée le 13 avril 1794, à vingt-trois ans, pour avoir voulu faire évader son mari.

il, on te trompe !... on tue tes amis !... Qui t'a appelé à la Bastille ?... Qui te donna la cocarde ? Je suis Camille Desmoulins !... » Quoique lié, il s'agitait d'une manière si violente, que ses vêtements éclatèrent et laissèrent voir sa poitrine, ce pauvre corps si vivant que la terre allait couvrir, ce sein bondissant de vie, de fureur, d'amour encore... Personne n'endurait ce spectacle... Plusieurs s'enfuirent, croyant voir la Patrie s'arracher le cœur.

Quand on arriva rue Saint-Honoré, devant la maison de Robespierre, fermée, portes et fenêtres, muette comme le tombeau, le prétendu peuple qui suivait redoubla ses cris frénétiques, clameur de lâche abdication, sinistre salut à César au nom de la guillotine. Desmoulins, calmé à l'instant, se rassit et dit froidement : « Cette maison disparaîtra... » En vain on la cherche aujourd'hui, enveloppée qu'elle est de murs immenses, recluse dans une ombre éternelle.

On assure que Robespierre, enfermé chez lui, pâlit à ces cris sauvages, et sentit au cœur le mot de Danton : « J'entraîne Robespierre, Robespierre me suit ! »

Hérault de Séchelles*, Camille et Bazire, ce touchant faisceau d'amis, se tenaient de cœur ensemble et dans leur amour pour Danton. Il avait été, pour eux, l'énergie sublime, la vie de la Révolution, le cœur de la République, et elle mourait en lui. Ils ne la laissaient pas derrière eux ; ils l'emportaient dans la tombe. Grande consolation de mourir avec l'idéal qu'on eut ici-bas.

Hérault descendit le premier, et d'un mouvement aimable et tendre, se tourna pour embrasser Danton. Le bourreau les sépara : « Imbécile ! dit Danton, tu n'empêcheras pas nos têtes de se baiser dans le panier. »

Camille regardait le couteau ruisselant de sang : « Digne récompense, dit-il, du premier apôtre de la liberté ! »

Il se sépara alors d'une boucle de cheveux qu'il tenait entre ses doigts, et pria le bourreau de rendre à la mère de Lucile ce gage suprême d'amour.

Danton mourut simplement, royalement. Il regarda en pitié le peuple à droite et à gauche, et parlant à l'exécuteur avec autorité, il dit : « Tu montreras ma tête au peuple ; elle en vaut la peine. »

L'exécuteur obéissant la releva en effet, la promena sur l'échafaud, la montra des quatre côtés.

Il y eut un moment de silence... Chacun ne respirait plus... Puis, par-dessus la voix grêle de la petite bande payée, un cri énorme s'éleva, et profondément arraché...

Cris confus des royalistes soulagés et délivrés, simulant l'applaudissement : « Qu'ainsi vive la République ! »

Cri sincère et désespéré des patriotes atteints au cœur : « Ils ont décapité la France ! »

La Fête de l'Être suprême 20 prairial an II

Livre XIX, chapitre IV

Le 7 mai 1794, un décret de la Convention déclarait : « Le Peuple français reconnaît l'Être suprême et l'immortalité de l'âme. »

On sait aujourd'hui que la Fête de l'Être suprême, organisée un mois plus tard, eut un succès populaire indiscutable. Dans le récit de Michelet, elle apparaît surtout comme la fête suprême de Robespierre. Le déroulement de la cérémonie coïncide avec la montée de la haine chez les adversaires de l'Incorruptible. La fête révolutionnaire, malgré son parfait ordonnancement, ne réussit pas à maintenir l'illusion de l'unanimité. Elle exprime au contraire la décomposition d'une Révolution gagnée par l'artifice et la mort.

Nulle fête n'excita jamais une si douce attente, nulle ne fut jamais célébrée avec tant de joie. La guillotine disparut, le 19 prairial au soir. On crut que c'était pour toujours. Une mer de fleurs (à la lettre, le mot n'est pas exagéré) inonda Paris ; les roses, de vingt lieues à la ronde, y furent apportées, et des fleurs de toutes sortes, ce qu'il fallait pour fleurir les maisons et les personnes d'une ville de sept cent mille âmes. Toute fenêtre devait avoir sa guirlande ou son drapeau. Toutes les mères portaient des roses, les filles des fleurs variées, les hommes des branches de chêne, les vieillards des pampres verts. Entre les deux files immenses, des hommes à droite, des femmes à gauche, marchait l'orgueil des mères, leurs fils, enfants de quinze ou seize ans, joyeux de porter un sabre ou des piques ornées de rameaux.

Ces fleuves vivants de peuple, ces rivières de fleurs, confluèrent comme une mer aux Tuileries. Jamais plus charmante Iris[1] ne sourit sous un plus beau ciel. Devant le sombre palais, un long portique improvisé offrait des arcades en guirlandes (combien plus gaies et plus aimables que ces lampions fumeux dont on attriste nos fêtes !).

Au milieu, montant des parterres jusqu'au balcon sous l'Horloge, un vaste amphithéâtre attendait la Convention. Une tribune s'en détachait et planait sur les gradins. Grand sujet de discussion et de conjectures dans le peuple. Il était difficile de croire qu'une voix d'homme entreprît de discourir dans un lieu tellement immense ; beaucoup supposaient plutôt que c'était un trône, ou que, si on parlait de là, c'était pour proclamer

1. Dans la mythologie, Iris symbolise l'arc-en-ciel. On la représente fréquemment ailée et recouverte d'un voile léger, multicolore.

un mot : « Grâce pour tous ! » par exemple. « La Révolution est finie, etc. »

Quelle serait la mesure de l'audace de Robespierre* ? Hasarderait-il ce miracle ? ou bien resterait-il dans la fatalité du temps ?

Sans nul doute, pour en sortir, pour répondre à la pensée populaire, il fallait faire au terrorisme une hasardeuse surprise, dangereuse non pour lui seulement, mais pour la Révolution. Robespierre ne l'osa point.

Loin de là, préoccupé de rassurer les terroristes et de leur donner un gage, sous le prétexte de voir le peuple et les apprêts de la fête, il alla au pavillon de Flore déjeuner chez Vilatte, juré révolutionnaire, qui y avait un logement. Le président Dumas avait le matin averti Vilatte qu'il y amènerait le Tribunal. Robespierre craignait vraisemblablement que, dans ces vilains bruits d'amnistie, le Tribunal ne se tournât vers le Comité de sûreté générale et son homme Fouquier-Tinville.

Il en résulta une chose fâcheuse pour Robespierre : c'est que le Tribunal ne vint que très tard, et qu'en l'attendant en vain, il dépassa l'heure indiquée et fit lui-même attendre la Convention.

Elle prit fort mal ce retard, l'interprétant comme une insolence royale, une insulte volontaire. Son apparition fut reçue par un silence de mort, que rendirent plus hostile encore les acclamations aveugles du peuple. N'importe, Robespierre, dans le costume que la Convention portait à la fête, celui des représentants en mission (panache et ceinture tricolores, habit bleu à revers rouges), s'en distinguait quelque peu par une nuance de bleu un peu plus pâle, ou céleste. Tous un gros bouquet à la main, mais le sien était énorme, d'épis, de fleurs et de fruits. Plusieurs, comme Bourdon, de l'Oise, tournèrent visiblement le dos et n'écoutèrent que de travers. De son discours, absolument perdu dans un tel espace, rien n'arriva à la foule, sinon : « Périssent les tyrans !... Demain, nous combattrons encore, etc. » Rien enfin de ce qu'on attendait, ni grâce, ni dictature.

Il descendit des gradins avec la Convention, s'arrêta au premier bassin où s'élevait un groupe de monstres : l'Athéisme, l'Égoïsme, le Néant, etc. Il y mit le feu, et du groupe consumé surgit, libre de son voile, la statue de la Sagesse. Malheureusement elle parut, comme on pouvait s'y attendre, enfumée et noire, à la grande satisfaction des ennemis de Robespierre.

On s'achemina donc en longues files vers le Champ-de-Mars. Robespierre, alors président de la Convention, marchait naturellement en tête. Il paraissait rayonnant. C'est, je crois, d'après ce jour, que David* l'a fait dans le portrait de la collection Saint-Albin. Nulle part, il n'est plus terrible. Ce sourire fait mal. La passion, qui visiblement a bu tout son sang et séché ses os, laisse subsister la vie nerveuse, comme d'un chat noyé jadis et ressuscité par le galvanisme, ou peut-être d'un reptile qui se raidit et se dresse, avec un regard indicible, effroyablement gracieux.

L'impression toutefois, qu'on ne s'y trompe pas, n'est point de haine ; ce qu'on éprouve, c'est une pitié douloureuse, mêlée de terreur. On s'écrie, sans hésiter, que de tous les hommes qui vécurent ici-bas, celui-ci a le plus souffert.

Robespierre, habituellement, marchait vite, d'un air agité. La Convention n'allait nullement de ce pas. Les premiers qui étaient en tête, malicieusement peut-être et par un respect perfide, restaient fort en arrière de lui, le tenaient ainsi isolé. De temps à autre, il se retournait et se voyait seul.

Une montagne symbolique s'élevait au Champ-de-Mars, assez grande pour recevoir, outre la Convention et les musiciens, deux mille cinq cents personnes, envoyées des sections, mères et filles, pères et fils, en écharpes tricolores, qui devaient chanter l'hymne à l'Être suprême. Au plus haut, une colonne était chargée de trompettes, dont la voix perçante dirigeait, annonçait les mouvements dans l'espace immense. L'hymne chanté, le coup d'œil fut un moment ravissant. Les filles jetèrent des fleurs au ciel, les mères élevèrent leurs petits enfants, les jeunes gens tirèrent leurs sabres et reçurent la bénédiction de leurs pères. L'artillerie, qui tonna, associait ses voix profondes à l'émotion du peuple.

Robespierre, arrivé le premier avec le fauteuil où on portait Couthon*, s'était trouvé par cela même au plus haut de la montagne, et la Convention sous ses pieds. Cette circonstance, fortuite peut-être, décida l'explosion. Au retour, la crainte céda à la fureur de la haine. Bourdon *le rouge*, travaillé de rage intérieure, semblait un démon. Merlin de Thionville se retrouvait le Merlin des champs de bataille, parlait fort et haut. Ces mots, jetés dans les airs, de Brutus, ou de Tarquin, ou de Roche Tarpéienne, s'entendaient trop bien du peuple[1]. L'irritation de l'Assemblée gagnait les rudes sans-culottes qui se trouvaient dans la foule. L'un d'eux dit tout en un mot : « Le b... ! Il n'est pas content d'être maître ! il lui faut encore être Dieu ! »

Le plus violent coup de théâtre, c'est qu'un des représentants articula sans ambages, près de Robespierre, de manière à être entendu de lui, de l'Assemblée, de la foule, sa haine pour le tyran. Il dit ces propres paroles : « Je le méprise et je le hais. »

Cet homme hardi était Lecointre, un peu fou, ridicule, nous l'avons dit. Mais ici, personne ne rit. Être outragé ainsi en face, et outragé par Lecointre, c'était chose sinistre pour Robespierre.

Cette hardiesse avait déchaîné toutes les langues.

1. *Brutus* assassina César parce qu'il voulait se faire donner le titre de roi. *Tarquin le Superbe*, dernier roi de Rome, fut chassé par le peuple après le viol de Lucrèce. C'est de la *Roche Tarpéienne* qu'on précipitait les criminels dans la Rome ancienne. Un proverbe avertissait que la Roche Tarpéienne était proche du Capitole, c'est-à-dire la chute proche du triomphe.

Elles se lâchaient à mesure que l'on rentrait dans Paris. Le peuple, non sans étonnement, voyait la Convention comme une malédiction vivante suivre Robespierre en grondant. Il marchait vite, et les autres marchant vite aussi pour le suivre, tout ce retour avait l'air non d'une pompe, mais d'une fuite. Le triomphateur semblait poursuivi. Plus pâle encore qu'à l'ordinaire, et plus clignotant, il laissait, malgré lui, jouer d'une manière effrayante les muscles de sa bouche. Non moins agités, bilieux, jaunes ou blancs, comme des morts, ceux qui le suivaient montraient une colère tremblante, sous les mots désespérés que la haine leur tirait du cœur. Ce cortège fantastique dans une immense poussière, quand il rentra au noir palais, apparut celui des Furies.

Le 9 thermidor

Livre XXI, chapitre v

Le mouvement populaire, dont Robespierre a sacrifié les figures les plus importantes (Hébert, Jacques Roux, Chaumette) ne soutient plus que tièdement la république jacobine. Les députés qui craignent d'être les prochaines victimes de la Terreur (Tallien, Fouché, Carrier...) profitent des dissensions qui affaiblissent le Comité de Salut public et le Comité de Sûreté générale pour ourdir un complot contre les robespierristes. Le 9 thermidor, Saint-Just puis Robespierre se heurtent à une obstruction systématique lorsqu'ils veulent prendre la parole à la Convention. Pour comprendre le récit que Michelet fait de cette séance, il faut garder à l'esprit le procès de Danton. Ceux qui ont réduit au silence le grand orateur tombent victimes de la même conjuration. La Révolution naît et vit de la puissance du Verbe, elle meurt de son étouffement.

La séance languissait, l'affaire avortait. Un bavardage de vieillard que fit Vadier à la tribune sur la Mère de Dieu[1] fit rire ; chose bien maladroite, et qui pouvait finir tout. Qui rit est presque désarmé. Robespierre*, à la tribune, les bras croisés sur la poitrine, endurait cette risée, s'efforçait de sourire lui-même, de simuler le mépris. Plusieurs l'auraient tenu quitte pour ce supplice de la vanité. Mais ceux qui étaient en péril, qui mouraient s'il eût vécu, arrêtèrent le vieux Vadier. « Ramenons, dit Tallien*, la discussion à son vrai point... » — Robespierre : « Je saurai bien l'y ramener. » — Cris et violents murmures. Le président, Collot d'Herbois*, donne la parole à Tallien.

Celui-ci, allant très droit, surtout voulant réparer la maladresse de Fréron[2], rallier les Comités, reprocha à Robespierre d'avoir calomnié ces Comités héroïques « qui avaient sauvé la Patrie ».

Robespierre frémit du péril, voyant se reformer la ligue, il nia, cria, s'agita... Ses regards désespérés firent un suprême appel à la Montagne... Un groupe de montagnards, nous l'avons remarqué, étaient restés immobiles. Quelques uns, par chevalerie, comme Merlin, et parce que Robespierre était leur ennemi personnel ; quelques autres, de la nuance de Romme, Soubrany, Maure, Baudot, J.-B. Lacoste, la Montagne indépendante, parce qu'ils n'eussent sauvé Robespierre qu'en lui donnant la dictature. Ils ne pouvaient accabler ce grand citoyen poursuivi par de tels hommes ;

1. Une vieille femme, Catherine Théot, se faisait appeler la Mère de Dieu et prêchait le retour du Messie qu'elle identifiait à Robespierre.

2. Fréron, ennemi de Robespierre, avait attaqué le pouvoir des Comités. Or il était très important pour les thermidoriens que les Comités ne sentent pas leur sort lié à celui de Robespierre.

d'autre part, comment l'appuyer, quand une fatalité terrible le poussait dans la tyrannie ?

Le cœur percé, plus qu'il ne le fut du poignard de prairial[1], ils s'enveloppèrent du devoir, se détachèrent des personnes, détournèrent leurs visages sombres du coupable, de l'infortuné, si cher et si dangereux à la liberté publique. Car la crise durait encore... Une main lui eût été tendue du sein de la Montagne, que la Plaine en eût pâli, que la droite eût reculé ; la déroute se fût mise parmi ses lâches ennemis.

Robespierre, sous ce jugement terrible, hélas ! mérité, se retourna en fureur vers la droite : « Vous, hommes purs ! c'est à vous que je m'adresse, et non aux brigands !... »

Il leur redemandait la vie, qu'ils lui devaient, qu'il leur avait sauvée... Il n'en tira rien qu'outrage, des cris, des risées, la mort.

Alors, hors de lui, et montrant le poing au président Collot d'Herbois : « Pour la dernière fois, président d'assassins, je te demande la parole !... »

Qui lui répondit ? La voix de Danton*, je veux dire de Thuriot, qui avait pris le fauteuil à la place de Collot d'Herbois.

On se souvient que Thuriot[2], depuis le procès de Danton, devenu tout à coup muet, « malade de la poitrine », avait paru aussi mort que les morts du 5 avril. Il recouvra en ce jour une voix terrible et tonnante, comme celle du Jugement dernier, et de ses

1. En prairial an III (mai 1795), en pleine Terreur blanche, une insurrection populaire éclate à Paris, mais elle échoue et est violemment réprimée. Les députés montagnards qui l'avaient soutenue (Romme, Soubrany, Duquesnoy, Goujon...) sont décrétés d'arrestation. Plusieurs se poignardent au sortir du tribunal.

2. Au moment de l'offensive des Indulgents contre la politique de Robespierre, Thuriot avait gardé une prudente neutralité, refusant de prendre la parole sous prétexte que « sa poitrine ne lui permettait plus de monter à la tribune » (Michelet).

poumons d'airain, du timbre furieusement agité d'une impitoyable sonnette, il exécuta Robespierre.

Il n'avait rien à espérer, étant tombé aux mains implacables des dantonistes.

« Le sang de Danton l'étouffe ! » dit Garnier, de l'Aube.

C'était un cri du sépulcre. Robespierre n'en fut pas atteint. Il se redressa, comme le serpent sur lequel on marche, et darda ce mot : « Ah ! vous voulez venger Danton !... » Risée amère de la lâcheté de ceux qui le lui livrèrent...

Du fond même de la Montagne, deux voix qu'on n'avait entendues jamais :

« L'arrestation ! »

« L'accusation ! »

On se demandait les noms. C'étaient Louchet et Loseau, gens obscurs, fermes jacobins, nullement thermidoriens, et qui se montrèrent immuables contre la réaction.

Ils firent plus d'impression que les discours de Tallien. L'Assemblée tout entière appuie.

Robespierre jeune et Lebas veulent être arrêtés aussi. Accordé.

Robespierre crut voir ici une lueur. Il connaissait le cœur des foules. Il essaya de parler pour son frère. S'il eût attendri l'Assemblée, il était sauvé lui-même.

Mais un violent journaliste, supprimé par Robespierre, Charles Duval, s'écria : « Président, est-ce qu'un homme sera le maître de la Convention ? »

Fréron : « Ah ! qu'un tyran est dur à abattre ! »

Billaud reprenait ici un bavardage très vague, au travers duquel peut-être Robespierre eût trouvé jour. Mais une masse de voix crièrent : « L'arrestation ! l'arrestation ! »

Thuriot la met aux voix. Décrétée à l'unanimité.

L'Assemblée tout entière se lève : « Vive la liberté ! Vive la République ! »

« La République, dit Robespierre, elle est perdue ! Les brigands triomphent. »

L'exécution de Robespierre
10 thermidor

Livre XXI, chapitre x

La boucle est bouclée, l'histoire de la Révolution se clôt pour Michelet le 10 thermidor, avec le retour de l'Ancien Régime, en un macabre carnaval, reflet inversé de la procession des États Généraux de mai 1789.

Robespierre*, la tête enveloppée d'un linge sale taché d'un sang noir, qui soutenait sa mâchoire détachée[1], dans cette horrible situation que nul vaincu n'eut jamais, portant l'effroyable poids de la malédiction d'un peuple, gardait sa raide attitude, son ferme maintien, son œil sec et fixe. Son intelligence était tout entière, planant sur sa situation et démêlant sans nul doute ce qu'il y avait de vrai et de faux dans les fureurs qui le poursuivaient.

Le flot de la réaction montait si vite et si fort, que les Comités crurent devoir tripler les postes des prisons. Sur tout le passage des condamnés se précipitaient de prétendus parents des victimes de la Terreur, pour aboyer à Robespierre, jouer dans cette triste pompe le chœur de la Vengeance antique. Cette fausse tragédie autour de la vraie, ce concert de cris calculés, de fureurs préméditées, fut la première scène de la Terreur blanche.

L'horrible, c'étaient les fenêtres, louées à tout prix.

1. Dans la nuit du 9 au 10 thermidor, à l'Hôtel de Ville, Robespierre eut la mâchoire brisée d'un coup de pistolet (tentative de suicide ou d'assassinat ?).

Robespierre et ses partisans allant au supplice.
(Musée Carnavalet.)

Des figures inconnues, qui depuis longtemps se cachaient, étaient sorties au soleil. Un monde de riches, de filles, paradait à ces balcons. A la faveur de cette réaction violente de sensibilité publique, leur fureur féroce osait se montrer. Les femmes surtout offraient un spectacle intolérable. Impudentes, demi-nues sous prétexte de juillet, la gorge chargée de fleurs, accoudées sur le velours, penchées à mi-corps sur la rue Saint-Honoré, avec les hommes derrière, elles criaient d'une voix aigre : « A mort ! à la guillotine ! » Elles reprirent ce jour-là hardiment les grandes toilettes, et le soir, elles *soupèrent*. Personne ne se contraignait plus. De Sade[1] sortit de prison le 10 thermidor.

Les gendarmes de l'échafaud qui, la veille, dans le faubourg, sous les ordres d'Hanriot[2], dispersaient à coups de sabre ceux qui criaient : « Grâce ! » aujourd'hui faisaient leur cour à la nouvelle puissance, et de la pointe du sabre sous le menton des condamnés, les montraient aux curieux : « Le voilà, ce fameux Couthon* ! le voilà, ce Robespierre ! »

Rien ne leur fut épargné. Arrivés à l'Assomption, devant la maison Duplay[3], les acteurs donnèrent une scène. Des furies dansaient en rond. Un enfant était là à point, avec un seau de sang de bœuf ; d'un balai, il jeta des gouttes contre la maison. Robespierre ferma les yeux.

Le soir, ces mêmes bacchantes coururent à Sainte-Pélagie, où était la mère Duplay, criant qu'elles étaient

1. Sade avait été détenu sous l'Ancien Régime dans diverses prisons « pour débauche outrée ». Il fut libéré en 1790, ses pièces de théâtre connurent du succès et il devint le secrétaire du comité de la section des Piques. Dénoncé comme modéré, il fut de nouveau incarcéré et libéré par le 9 thermidor.

2. Commandant général de la garde parisienne, fidèle à Robespierre et arrêté avec lui la nuit du 9 thermidor.

3. Maison dans laquelle logeait Robespierre. Duplay était un menuisier. Cette maison se trouvait rue Saint-Honoré.

les veuves des victimes de Robespierre. Elles se firent ouvrir les portes par les geôliers effrayés, étranglèrent la vieille femme et la pendirent à la tringle de ses rideaux.

Robespierre avait bu du fiel tout ce que contient le monde. Il toucha enfin le port, la place de la Révolution. Il monta d'un pas ferme les degrés de l'échafaud. Tous, de même, se montrèrent calmes, forts de leur intention, de leur ardent patriotisme et de leur sincérité. Saint-Just*, dès longtemps, avait embrassé la mort et l'avenir. Il mourut digne, grave et simple. La France ne se consolera jamais d'une telle espérance ; celui-ci était grand d'une grandeur qui lui était propre, ne devait rien à la fortune, et seul il eût été assez fort pour faire trembler l'épée devant la Loi.

Faut-il dire une chose infâme ? Un valet de la guillotine (était-ce le même qui souffleta Charlotte Corday* ?), voyant dans la place cette fureur, cet emportement de vengeance contre Robespierre, lâche et misérable flatteur de la foule, arracha brutalement le bandeau qui soutenait sa pauvre mâchoire brisée... Il poussa un rugissement... On le vit un moment pâle, hideux, la bouche ouverte toute grande et ses dents brisées qui tombaient... Puis, il y eut un coup sourd... Ce grand homme n'était plus.

Vingt et un suppliciés, c'était peu pour la foule. Elle avait soif, il lui fallait du sang. Le lendemain, on la régala de tout le sang de la Commune ; soixante-dix têtes en une fois ! Et pour dessert du banquet, douze têtes le troisième jour.

Notons que, de ces cent personnes, il y en avait la moitié parfaitement étrangères à Robespierre, et qui n'avaient jamais figuré que de nom à la Commune.

Respirons, détournons les yeux. « A chaque jour suffit sa peine. » Nous n'avons pas ici à raconter ce qui suivit, l'aveugle réaction qui emporta l'Assemblée et dont elle ne se releva qu'à peine en Vendémiaire. L'horreur et le ridicule y luttent à force égale. La sottise de Lecointre, l'inepte fureur des Fréron, la perfidie mercenaire des Tallien, encourageant les plus lâches, une exécrable comédie commença, d'assassinats lucratifs au nom de l'humanité, la vengeance des *hommes sensibles* massacrant les patriotes et continuant leur œuvre, l'achat des biens nationaux. La *bande noire*[1] pleurait à chaudes larmes les parents qu'elle n'eut jamais, égorgeait ses concurrents, et surprenait des décrets pour acheter à huis clos.

Paris redevint très gai. Il y eut famine, il est vrai, mais le Perron rayonnait, le Palais-Royal était plein, les spectacles combles. Puis, ouvrirent ces *bals des victimes*, où la luxure impudente roulait dans l'orgie son faux deuil.

Par cette voie, nous allâmes au grand tombeau où la France a enclos cinq millions d'hommes.

Peu de jours après Thermidor, un homme, qui vit encore et qui avait alors dix ans, fut mené par ses parents au théâtre, et à la sortie admira la longue file de voitures brillantes qui, pour la première fois, frappaient ses yeux. Des gens en veste, chapeau bas, disaient aux spectateurs sortants : « Faut-il une voiture, *mon maître ?* » L'enfant ne comprit pas trop ces termes nouveaux. Il se les fit expliquer, et on lui dit seulement qu'il y avait eu un grand changement par la mort de Robespierre.

1. On désignait ainsi les spéculateurs qui achetaient les grandes propriétés mises en vente comme biens nationaux et revendaient la terre sous forme de parcelles. Ils démolissaient aussi les bâtiments pour revendre les matériaux de construction. Beaucoup de châteaux ont péri à cette époque du fait de la *Bande noire*.

Commentaires

par

Paule Petitier

L'auteur et son temps

Le siècle de l'Histoire

La notion de « devenir » — un changement qui modifie continuellement toutes les strates du réel — était étrangère au mode de pensée des siècles classiques, qui avaient parié sur la fixité. Au centre de leur univers, un astre fixe, le Roi-Soleil.

La Révolution ouvre l'âge de l'Histoire. Non seulement elle s'y constitue comme discipline, genre et science. Mais surtout elle représente l'horizon du savoir au XIXe siècle. La perception du devenir, des différences créées par le temps devient la condition de toute science à cette époque. La biologie étudie le développement de l'organisme, le devenir des espèces ; la géologie l'histoire du globe ; la linguistique les filiations et les transformations des langues ; la psychologie l'archéologie du sujet. Tout est Histoire, l'Histoire travaille tout être et donne sens à toute chose, telle pourrait être la devise de ce siècle.

Le XIXe siècle est aussi — de Hegel à Nietzsche — l'âge d'or de la philosophie de l'Histoire. Si les faits s'ordonnent dans le temps, le développement de la pensée aussi. La dialectique, inventée par le XIXe siècle, inscrit ses trois moments dans une durée. Dans la dialectique du maître et de l'esclave de Hegel, c'est dans le temps concret du travail que l'esclave retrouve la conscience de soi. Le temps est donc un axe porteur de sens. L'histoire de Michelet sera à la fois narrative et philosophique, elle lira et racontera le sens que trame sans discontinuer le grand métier à tisser du temps.

Si l'Histoire a un sens, elle a sans doute une fin, un but qui sera son accomplissement. Vers quoi et comment nous conduit ce mouvement qui travaille toutes les strates de notre vie ? se demande-t-on au XIXe siècle. La réponse requiert un point de vue global. Aussi peu d'historiens envisagent-ils alors de traiter autre chose que *toute l'Histoire.*

Il est cependant des moments privilégiés, historiques par excellence, la Révolution par exemple. D'abord parce que, pour beaucoup, elle représente une prise de conscience de l'Histoire. Rupture, bouleversement profond et irréversible, accélération de la marche du temps pendant quelques décennies, elle a prouvé à ceux qui en auraient douté que le devenir existait.

Du coup, elle appelle et permet une relecture du passé.

Elle l'appelle parce que la rupture totale est impensable et qu'il faut bien reconstituer les origines de cet événement.

Guizot, sous la Restauration :

> « Il faut bien dater les révolutions du jour où elles éclatent, c'est la seule époque précise qu'on puisse leur assigner ; mais ce n'est pas celle où elles s'opèrent. Les secousses qu'on appelle des révolutions sont bien moins le symptôme de ce qui commence que la déclaration de ce qui s'est passé. »

Elle le permet parce qu'elle a donné à ses contemporains et à ses héritiers une formation historique accélérée et le sens du devenir.

Augustin Thierry, en 1827 :

> « Car il n'est personne parmi nous, hommes du XIXe siècle, qui n'en sache plus que Velly ou Mably, plus que Voltaire

lui-même, sur les rébellions et les conquêtes, le démembrement des empires, la chute et la restauration des dynasties, les révolutions démocratiques et les réactions en sens contraire. »

Mais la Révolution engage aussi l'avenir. Elle ressemble à cette fin de l'Histoire que cherchent à se représenter les historiens du XIXe siècle. Elle ne l'a pas été (son échec et la réaction qui l'a suivi sont là pour en témoigner). Mais peut-être en a-t-elle constitué — sur le modèle chrétien — la préfiguration, de même que la venue du Christ sur la Terre préfigure le retour d'un messie et la fin des temps. Ou — sur le modèle scientifique — peut-être représente-t-elle l'embryon, l'ébauche reprise par les différentes révolutions du XIXe siècle, de l'accomplissement de l'Histoire.

Aussi est-il peu d'historiens et même d'écrivains du XIXe siècle qui n'aient intégré à leur œuvre une histoire de la Révolution ou du moins une réflexion sur la Révolution.

1797	Chateaubriand	*Essai sur les Révolutions*
1823-1827	Thiers	*Histoire de la Révolution française*
1824	Mignet	*Histoire de la Révolution française*
1847	Lamartine	*Histoire des Girondins*
1847-1853	Michelet	*Histoire de la Révolution française*
1856	Tocqueville	*L'Ancien Régime et la Révolution*
1865	Quinet	*La Révolution*
1874	Hugo	*Quatre-vingt-treize*
1875-1894	Taine	*Les Origines de la France contemporaine*
1901-1904	Jaurès	*Histoire socialiste de la Révolution française*

Un fils de la Révolution

« Je suis né au milieu de la grande révolution territoriale, et ces jours-ci, avant que je ne meure, j'ai vu poindre la grande révolution industrielle » *(Histoire du XIXe siècle).*

Par choix idéologique autant que par les circonstances, la Révolution constitue le fil directeur de la vie et de l'œuvre de Michelet.

Né en 1798 dans une église désaffectée, fils d'un petit imprimeur ruiné sous l'Empire par la limitation du nombre des imprimeries, Michelet a passé son enfance dans les quartiers populaires de Paris où l'insurrection a fermenté et bouillonné de 1789 à 1799.

Jeune professeur libéral sous la Restauration, ne pouvant sous ce régime autoritaire contribuer à « faire » l'Histoire, il va, comme beaucoup de jeunes gens de son opinion, faire de l'histoire[1], d'abord au collège Sainte-Barbe, puis, à partir de 1827, à l'École normale où il est nommé maître de conférences de philosophie et d'histoire.

Il naît une seconde fois — il le dit lui-même — en 1830, de la Révolution encore. Ses relations, Victor Cousin, Guizot, ayant accédé à de hautes fonctions dans le nouveau gouvernement, sa carrière est alors rapide et brillante. En 1830, il est nommé chef de la section historique des Archives royales ; en 1833, il supplée Guizot à la Sorbonne ; en 1838, il obtient la chaire de morale et d'histoire du Collège de France. L'« éclair de Juillet » lance aussi son œuvre : c'est à partir de 1830 qu'il commence à publier l'*Histoire de France*. Les livres qu'il consacre au Moyen Age rencontrent un très grand succès.

La mort de son père, en 1846, le ramène sur la voie

1. Conformément à l'usage, on met une majuscule à « Histoire » pour désigner la succession des événements qui entraîne la modification du réel, et « histoire » sans majuscule désigne l'étude de cette succession d'événements.

de la « grande Révolution ». Tant qu'il avait vécu, cet artisan qui faillit — au dire de Michelet — être mêlé à la conspiration des Égaux[1], avait représenté la mémoire vivante du grand événement. Sa disparition montre à Michelet l'urgence de fixer cette Histoire proche avant que ses témoins ne meurent et qu'elle ne s'efface. Suspendant momentanément la rédaction de l'histoire de la Renaissance (il a terminé son *Louis XI* en 1844), il commence à dépouiller des documents relatifs à la Révolution.

1789/1848

De 1847 à 1853, Michelet écrit l'*Histoire de la Révolution* au tournant de sa vie et pendant des années cruciales dans la représentation du siècle, au moment où le premier XIXe siècle, plutôt optimiste et prométhéen, fait place au second XIXe siècle, travaillé d'angoisses et de renoncements.

Curieusement, l'*Histoire de la Révolution* s'écrit en même temps qu'une autre révolution se prépare, éclate, échoue. Au Collège de France, dès 1845, Michelet avait commencé un cours sur les *Préliminaires, l'esprit et la portée de la Révolution.* Avec ce cours, il passe dans le camp des opposants au régime de Louis-Philippe et les journaux gouvernementaux lui montrent de plus en plus d'hostilité. En 1847, il publie le premier tome de l'*Histoire de la Révolution*, ses cours deviennent le lieu de rassemblement de la jeunesse libérale et républicaine. Le 2 janvier 1848, le cours de Michelet est suspendu. Cette décision arbitraire provoque une grande émotion et contribue certainement à mettre le feu aux poudres dans un climat d'exaspération contre le régime de Louis-Philippe. Les étu-

1. En 1796, Babeuf et ses amis tentèrent de renverser le Directoire. Cette conspiration des Égaux échoua, Babeuf fut arrêté et condamné à mort.

diants joueront un rôle non négligeable aux côtés des ouvriers dans les journées révolutionnaires de février 1848.

Louis-Philippe abdique, les principes d'un gouvernement démocratique sont posés, Michelet est réintégré triomphalement au Collège de France le 6 mars, avec Edgar Quinet, son collègue et ami, suspendu pour les mêmes raisons que lui. Cependant Michelet refuse de se porter à la députation. La répression de l'insurrection ouvrière, en juin 1848, renforce l'historien dans son attitude de retrait par rapport aux événements politiques. Il rencontre alors une jeune fille, Athénaïs Mialaret, qui deviendra sa seconde femme, et il s'absorbe, comme par compensation, dans l'amour le plus passionné.

Les volumes de l'*Histoire de la Révolution* se succèdent et l'enseignement de Michelet au Collège de France, centré sur la femme et l'éducation populaire, paraît de nouveau trop progressiste à une société qui veut désormais rétablir l'ordre. Le 2 mars 1851, le cours de Michelet est suspendu une seconde fois.

Après le coup d'État du 2 décembre 1851, Michelet est destitué de ses fonctions de professeur au Collège de France. Il refuse de prêter le serment que le nouveau régime exige des fonctionnaires. Il perd ainsi son poste aux Archives. Il quitte Paris pour Nantes où il achèvera en 1853 l'*Histoire de la Révolution.*

Les événements de la révolution de 1848 ont été mêlés de trop près à la rédaction de cette œuvre pour qu'il ne se soit pas créé une superposition à la faveur de laquelle Michelet a cherché dans 89 l'explication de 48, et a interprété 89 à la lumière de 48.

Pendant le Second Empire, Michelet continuera son œuvre en exilé de l'intérieur. Il termine l'*Histoire de France* en 1868, écrit une nouvelle préface pour l'*Histoire de la Révolution* qu'il doit défendre contre bien des attaques.

Il meurt en 1874, en exprimant dans l'*Histoire du*

XIXe siècle la vision la plus noire et la plus désespérée du siècle qui a succédé à la Révolution.

Michelet et le romantisme

Michelet s'est toujours défendu d'être romantique. Sous la Restauration, alors que les jeunes romantiques sont « ultras », Michelet, lui, est libéral. Il ne se reconnaît pas dans l'image de l'artiste que les romantiques imposent alors. D'abord, il ne se veut pas artiste, l'art pour lui c'est l'artifice ; son affaire est de reconstituer la vie ; pour cela, dit-il, rien ne sert d'être brillant, l'essentiel est d'être patient travailleur. Il se représente comme un artisan, un ouvrier de l'Histoire.

Cependant, vers 1830, sa réhabilitation du Moyen Age le rapproche des romantiques qui découvrent alors l'intérêt des époques « gothiques ». Par ailleurs, son retournement politique, autour de 1830, conduit le romantisme sur le même terrain social que Michelet : le peuple. Vers 1848, George Sand et Michelet partagent la même représentation millénariste[1] de l'Histoire et la même vision messianique du peuple.

Le projet de Michelet, la « résurrection de la vie intégrale », est éminemment romantique. Considérer l'Histoire comme un tout, comme un organisme, correspond tout à fait au désir romantique de reconstituer la totalité. On comprend ainsi que Flaubert ait dit : « Notre seul romantique, c'est le père Michelet. »

Dans la seconde moitié de sa vie, les œuvres de naturaliste de Michelet témoignent d'un besoin de réconcilier l'Histoire et la Nature, d'un souci constant d'élargir sa conception de la totalité, qui s'apparente aux recherches du romantisme allemand.

1. Doctrine fondée sur la possibilité d'un retour aux conditions économiques et sociales idéalisées du premier groupe humain. Voir « Une vision millénariste de l'histoire ? », pp. 22 et 23.

Originalité de l'œuvre

La première histoire républicaine

Laissons d'abord la parole à Michelet :

« Toute l'histoire de la Révolution, jusqu'ici était essentiellement monarchique, telle pour Louis XVI, telle pour Robespierre. Celle-ci est la première républicaine, celle qui a brisé les idoles et les dieux. De la première page à la dernière, elle n'a eu qu'un héros : le peuple[1]. »

Le but de Michelet, en accord avec ses convictions politiques, a donc été de « républicaniser » l'Histoire, de montrer que l'Histoire n'a pas été l'œuvre de quelques personnalités, mais le fruit de réactions collectives. Sa méthode, il l'a trouvée dès sa jeunesse chez Vico, philosophe italien du début du XVIIIe siècle, qui propose une étude critique de l'Antiquité fondée sur cette hypothèse : les dieux et les héros ne sont que des constructions imaginaires, des symboles créés par un peuple pour résumer les grands antagonismes de son histoire, les grandes idées de sa civilisation.

« Ces héros mythiques, ces Hercule dont le bras sépare les montagnes, ces Lycurgue et ces Romulus, législateurs rapides, qui, dans une vie d'homme, accomplissent le long ouvrage des siècles, sont les créations de la pensée des peuples[2]. »

Le travail de l'historien consiste donc à « désymboliser » les héros, à retrouver, derrière ces fictions, la vie et la pensée du peuple.

Michelet a-t-il été fidèle à cette méthode dans l'*Histoire de la Révolution* ?

Certes, il ne cherche à idéaliser aucun des grands hommes de la Révolution. Sa démarche est toujours la même. Le récit s'en saisit à l'époque où ils occupent le devant de la scène, mais c'est pour montrer que

1. « Conclusion » de l'*Histoire de la Révolution*.
2. Michelet, « Avant-propos » de l'*Histoire romaine*, 1831.

leur gloire, leur ascendant ne tiennent alors qu'à leur accord avec la volonté générale. Les girondins n'ont dominé l'Assemblée pendant l'été 1792 que parce qu'ils étaient, comme le peuple, favorables à la guerre. Vient ensuite le moment du divorce entre ces grands hommes et le peuple. La volonté générale ne les inspirant plus, ils redeviennent hommes, avec leurs faiblesses et leurs limites, ils ne sont plus des héros. Enfin arrive l'heure de leur mort, et Michelet les magnifie de nouveau, reforge le symbole brisé, pour les présenter « tels qu'en eux-mêmes l'éternité les change » ou plutôt tels qu'en eux-mêmes la tradition populaire les conserve.

L'obstacle naît de ce que Michelet doit interpréter l'échec de la Révolution, ce Thermidor qui entraînera la réaction puis l'épisode sanglant de l'Empire.

Michelet, lecteur de Rousseau, pense que l'Histoire ne peut errer lorsque la volonté générale, l'instinct du peuple, la dirige. Si la Révolution a échoué, c'est donc que la volonté générale n'a pas été respectée, que le peuple n'a pas été l'agent de l'Histoire jusqu'au bout. Cela conduit Michelet à périodiser ainsi l'*Histoire de la Révolution* :

— De 1789 à fin 1792 : une révolution portée par l'énergie populaire et réussie ;

— De fin 1792 à Thermidor : une révolution volée au peuple, manipulée par des individus ou des factions (Robespierre, les jacobins, les prêtres, les royalistes, les thermidoriens...), donc qui échoue. Dans cette deuxième partie, le peuple n'est plus le héros mais bien la victime de l'Histoire. A partir du 10 août, il quitte d'ailleurs progressivement la scène.

Il est intéressant de noter que la périodisation à laquelle aboutit Michelet correspond à celle des historiens actuels, mais avec une interprétation radicalement inverse. En effet, ceux-ci voient :

— La période qui va de 1789 au 10 août 1792 comme une révolution menée par la bourgeoisie ;

— Du 10 août au 9 thermidor : une tentative de radicaliser le mouvement révolutionnaire en tenant compte des masses populaires.

Les historiens de la Révolution qui avaient précédé Michelet, Thiers et Mignet en particulier, étaient d'une certaine façon plus proches que lui de l'interprétation actuelle puisqu'ils présentaient la Révolution comme l'œuvre de la bourgeoisie ; en revanche, ils déniaient tout rôle positif au peuple, considéré exclusivement comme populace et tourbe dangereuse.

Les sources de l'œuvre

Pour écrire l'*Histoire de la Révolution*, Michelet a eu accès à des sources que ses devanciers n'avaient pu connaître.

1. *Les actes, procès-verbaux et comptes rendus des différentes assemblées :*
— les 40 volumes de l'*Histoire parlementaire de la Révolution française* de Buchez et Roux (collection de documents publiée de 1834 à 1838) ;
— le *Moniteur* (équivalent de l'actuel *Journal officiel*) dont les numéros de 1789 à 1794 venaient d'être réimprimés.

2. *Les documents d'archives :* Archives centrales (où il travaillait), Archives de la Préfecture de Police, Archives de l'Hôtel de Ville (détruites lors de l'incendie de 1871).

3. *Les Mémoires* multiples des personnalités petites ou grandes qui ont vécu la Révolution.

4. *Les témoignages oraux* des anonymes contemporains de l'événement.

Parmi toutes ces « traces », Michelet porte une attention toute spéciale aux témoignages oraux qu'il considère comme l'émanation de la tradition populaire, la plus fidèle dépositaire des vérités historiques.

Une curieuse façon d'écrire l'Histoire

L'Histoire à nos yeux doit être le type même du *récit*, au sens que Benveniste donne à ce terme, c'est-à-dire un exposé objectif de faits passés dans lequel l'auteur n'apparaît pas.

L'histoire de Michelet ne correspond pas du tout à cette attente : le *discours* (énonciation à la première personne) s'y entremêle constamment au récit. Et, d'une façon plus diffuse, l'opinion, la réaction de Michelet est présente derrière chaque qualificatif. « L'énonciation est pétrie de jugements. Michelet ne pose pas d'abord pour juger ensuite : il opère une confusion immédiate entre le notable et le condamnable ou le louable », dit Roland Barthes. L'adjectif, chez Michelet, est en effet toujours à la fois descriptif et appréciatif :

« Le 30 octobre se leva *pâle* et *pluvieux*, un de ces jours blafards qui ont l'ennui de l'hiver et n'en ont pas le nerf, la salutaire austérité. »

« Pâle » et « pluvieux » prennent dans cette phrase la valeur de qualificatifs moraux. Ils expriment un état à mi-chemin entre le météorologique et le psychologique : la dépression.

Dans les descriptions de Marat, le dégoût épidermique que ressent Michelet affleure avec chaque adjectif :

« Ses cheveux *gras*, entourés d'un mouchoir ou d'une serviette, sa peau *jaune* et ses membres *grêles*, sa *grande* bouche *batracienne*, ne rappelaient pas beaucoup que cet être fût un homme. »

Comment justifier ce qui nous apparaît comme un manque d'objectivité ?

Michelet s'investit physiquement dans son histoire. C'est une aventure qui le prend littéralement *corps* et âme. En février-mars 1853, après avoir écrit le récit de la Terreur, il tombe malade, malade d'Histoire. « J'ai trop bu le sang noir des morts. »

D'autre part, Michelet ne partage pas l'illusion positiviste de l'objectivité du savant. Il est trop historien, trop conscient du devenir pour ne pas savoir que son discours ne peut être dissocié ni de son temps, ni de son histoire personnelle. Il ne peut faire comme s'il était lui-même un sujet sans caractéristiques, hors du temps, dépourvu d'histoire, de vie, de corps. Aux yeux de Michelet, cette constatation n'est pas aveu d'échec. Puisque la vérité ne saurait jaillir d'une utopique impartialité, Michelet essaie de la faire surgir de la confrontation des temps. Il projette sur le passé des problèmes du présent : dans l'*Histoire de la Révolution*, la guerre de 1792 est lue à travers le « printemps des peuples[1] », Robespierre à travers Napoléon, l'échec de 93 à travers celui de 48. Inversement, le passé lointain fournit des grilles pour interpréter le présent ou le passé proche : le millénarisme[2] sert à comprendre les aspirations du peuple dans l'ère nouvelle ouverte par la Révolution.

L'histoire de Michelet surprend aussi par un va-et-vient continuel entre une sorte de matérialisme appliqué à relever les détails les plus triviaux, et un idéalisme qui raconte l'Histoire comme l'épopée de l'Esprit. Michelet revendique cette oscillation. Elle fait partie de sa méthode qui est de « spiritualiser la matière » et conjointement de « matérialiser le moral ». Tous les détails matériels sont virtuellement *significatifs* et toutes les idées susceptibles de s'incarner. Ainsi, la disposition même de l'appartement de Marat reflète la vie de l'homme :

> « L'intérieur, l'ameublement, présentaient un bizarre contraste, fidèle image des dissonances qui caractérisent Marat et sa destinée. »

Dans le récit, cette oscillation s'exprime dans un traitement spécifique de la métaphore : Michelet aime

1. Des soulèvements ont lieu dans de nombreux pays d'Europe en 1848 et 1849.
2. *Cf.* pp. 22 et 23.

reprendre un élément concret du récit pour lui donner un sens métaphorique ou inversement reprendre une métaphore comme élément objectif du récit.

[Cathelineau] « se mit à chauffer son four et à faire du pain.

Son neveu arrive d'abord, lui conte l'affaire de Saint-Florent. Cathelineau continuait de brasser sa pâte. Les voisins arrivent ensuite, un tailleur, un tisserand, un sabotier, un charpentier : "Eh ! voisin, que ferons-nous ?" Il en vint jusqu'à vingt-sept, qui tous étaient là à l'attendre, décidés à faire tout comme il ferait. Il avisa alors que la chose était au point ; le levain était bien pris, la fermentation suffisante ; il n'enfourna pas, essuya ses bras et prit son fusil. »

La métaphore n'est pas un artifice de style, elle traduit le va-et vient perpétuel du matériel au spirituel qui définit le mouvement de l'Histoire et le travail de l'historien.

Le style de Michelet

Deux grandes tendances :

La discontinuité

Des phrases courtes, hachées par une ponctuation rigoureuse, et qui, à part les relatives, utilisent peu la subordination. C'est, selon l'expression de Sainte-Beuve, un « style vertical », qui privilégie la juxtaposition, l'apposition, l'énumération. Les phrases nominales sont fréquentes.

Cette discontinuité se retrouve dans l'enchaînement (ou plutôt l'absence d'enchaînement) des phrases. Les mots de relation préférés de Michelet sont, significativement, « d'ailleurs » et « du reste ».

Donc une phrase qui est à l'opposé de la période, un discours aux antipodes de la rhétorique.

La répétition

Elle assure, sur un plan différent de la syntaxe, la cohésion, l'unité du discours. Grande fréquence de toutes les figures de style fondées sur la répétition de mots ou de constructions (anaphore, épiphore, chiasme...) et de phonèmes (allitération, assonance, paronomase...).

Une « épopée lyrique »

C'est ce mot de Taine qui définit au plus près l'*Histoire de la Révolution* de Michelet.

L'œuvre tient son caractère épique du héros que Michelet lui a donné : un être collectif, le peuple.

L'épopée n'est pas un genre, mais préexiste à la séparation des genres. Creuset originel de la littérature, elle les contient tous, histoire, roman, poésie, théâtre, tragédie et comédie. La forme épique est donc adéquate à la signification que Michelet veut donner à la Révolution : un moment où les diversités se fondent pour fonder la totalité France.

Enfin, dans l'*Histoire de la Révolution*, comme dans l'épopée antique, la Nature participe aux convulsions de l'Histoire, le monde, matière et esprit, ne fait qu'un. Ainsi, pendant l'exécution de Charlotte Corday :

« Au moment où elle monta sur la charrette, où la foule, animée de deux fanatismes contraires, de fureur ou d'admiration, vit sortir de la basse arcade de la Conciergerie la belle et splendide victime dans son manteau rouge, la nature sembla s'associer à la passion humaine, un violent orage éclata sur Paris. »

Mais cette forme épique se trouve prise dans un mouvement lyrique. Michelet entrelace sa vie à l'écriture de l'histoire, l'insuffle aux morts qu'il veut ressusciter pour qu'ils vivent d'elle, et vit lui-même, sur le mode imaginaire, de cette histoire qu'il s'approprie. « Il s'établit une sorte de symbiose surprenante entre l'historien et l'Histoire » (Barthes) qui rend possible ce mélange a priori inconcevable de l'épique et du lyrique.

Thèmes et modèles

Le peuple

Le peuple est au cœur de l'*Histoire de la Révolution* dont il ordonne la thématique et le questionnement. Notons que *Le Peuple* (1846), réflexion générale sur les causes du servage et de l'affranchissement du peuple, précède immédiatement, dans l'œuvre de Michelet, l'*Histoire de la Révolution.*

Tout d'abord, que recouvre ce terme un peu vague de « peuple » ? Michelet joue sur ses deux acceptions : *populus*, l'ensemble des citoyens, et *plebs*, les classes sociales les plus pauvres. Dans l'*Histoire de la Révolution*, le peuple correspond au Tiers État défini par Sieyès (le tout[1]). Michelet ne fait pas la distinction à l'intérieur de cet ordre entre la bourgeoisie et les masses populaires. Il ne voit aucun clivage, aucune opposition d'intérêts. Sa vision de l'Histoire refuse de concevoir une société divisée en classes. Le moteur de son histoire n'est pas l'affrontement mais, au contraire, l'effusion, la fusion. Le peuple, certes, est un groupe social, mais au lieu d'affirmer sa spécificité en se dressant contre les autres, il possède la faculté de les absorber et d'affirmer son universalité.

Dans l'*Histoire de la Révolution*, le peuple est associé à tous les thèmes bénéfiques : l'énergie, l'unité, l'organicité, la barbarie, l'enfance, les larmes. Mais il possède aussi un visage inquiétant, celui de la « foule », « ivre », « enragée », qui tue le gouverneur De Launey le jour de la prise de la Bastille, qui massacre en septembre 1792, et dont l'instinct n'est plus que sauvagerie incontrôlable :

1. Dans sa brochure de 1789, *Qu'est-ce que le Tiers État ?* Sieyès répond « Tout ».

« La vue du sang eut son effet ordinaire ; plusieurs se jetèrent sur elle ; l'un d'eux vint par-derrière, et lui lança une bûche ; elle tomba, et à l'instant fut percée de plusieurs coups » (Mort de la princesse de Lamballe).

Face nocturne, inconnue du peuple, que Michelet s'efforce de minimiser sans l'analyser : après avoir reconnu le rôle de la foule dans les massacres de Septembre, il en rejette la responsabilité sur quelques massacreurs dont le nombre fut « infiniment petit ».

C'est que, à mesure que s'écrit l'*Histoire de la Révolution*, ce peuple que Michelet avait cru comprendre et connaître redevient l'Inconnu. En juin 1848, l'insurrection déclenchée par la fermeture des ateliers nationaux est suivie d'une répression sanglante. Michelet note dans son *Journal* : « De mes fenêtres, je vis le peuple tuant le peuple, le plus cruel, c'est que les enfants[1] en étaient. » Comme quelques insurgés se mettent à construire une barricade près de chez Michelet, quelqu'un leur demande de la faire plus loin pour ne pas exposer la demeure de l'historien aux coups de feu. « Michelet ? Qu'est-ce Michelet ? » répondirent les insurgés. Terrible remise en cause pour un historien qui avait voulu écrire l'histoire du peuple pour le peuple. Comment parler du peuple ? comment parler au peuple ? questions qui désormais hanteront l'historien :

« Je suis né peuple, j'avais le peuple dans le cœur. Les monuments de ses vieux âges ont été mon ravissement. J'ai pu en 46 poser le droit du peuple plus qu'on ne fit jamais ; en 64, sa longue tradition religieuse. Mais sa langue, elle m'était inaccessible. Je n'ai pas pu le faire parler. »

Dans la deuxième partie de l'*Histoire de la Révolution*, la tragédie de juin 1848 venant se superposer à l'échec de la république jacobine, le peuple se défait,

1. Or les enfants, par leur simplicité, leur naïveté, sont le peuple par excellence aux yeux de Michelet.

disparaît : la Vendée offre l'exemple d'un peuple qui assassine le peuple, le peuple de Paris est de nouveau ébloui par les héros qu'il fabrique (triomphe de Marat), manœuvré par les factions (31 mai), simple spectateur (fête de l'Être suprême), populace ivre de sang au 10 thermidor. Il n'existe plus que sur un mode mythique, comme une légende de l'âge d'or perdu. La journée du 31 mai 1793 le manifeste exemplairement. Les efforts des robespierristes et des maratistes pour déclencher l'insurrection contre les girondins échouent provisoirement lorsque le peuple envahit l'Assemblée :

« La sombre Assemblée robespierriste, qui s'affaissait sur elle-même, fut tout à coup, malgré l'heure avancée du soir (il était neuf heures), illuminée d'un joyeux rayon du matin. Cette fois, c'était le peuple. »

Mais devant cette unanimité éphémèrement retrouvée, Michelet ne peut dire que :

« Contons cette belle histoire »,

signalant par là que le peuple n'existe plus dans l'Histoire, mais appartient déjà à la légende.

Si la Révolution n'a pas réussi à imposer l'avènement du peuple, elle a cependant consacré définitivement la nation, fondée dans le mouvement des fédérations de 1790. La nation est la conscience que le peuple a de lui-même fixée en une forme dans laquelle il se reconnaît : le territoire. C'est le symbole de l'unité du peuple et de son droit révolutionnaire à disposer de lui-même. Autant qu'à la domination étrangère, la nation s'oppose au principe monarchique. Les révolutions qui éclatent en Europe au XIXe siècle sont toutes à la fois nationales et sociales. A cette époque la nation est un mot d'ordre progressiste, qui n'a rien à voir avec le nationalisme étroit qui s'est développé depuis la fin du XIXe siècle.

La question religieuse

Dans l'*Histoire de la Révolution*, Michelet exprime violemment son antichristianisme. Dès l'« Introduction », il pose l'antinomie de la Justice et de la Grâce.

L'échec de la Révolution est lié à la question religieuse. Il y a bien sûr la réaction catholique dans l'Ouest. Mais surtout, les hommes de 93 n'ont pas su — ou n'ont pas osé — poser les principes d'une religion nouvelle. Au lieu d'engager la Révolution dans la voie ouverte par Chaumette au printemps 1793, celle d'une religion du genre humain, d'une foi en la justice égale pour tous, Robespierre l'a fait brusquement rétrograder dans l'impasse du vieux dogme catholique en instituant le culte de l'Être suprême. Dès lors, ne proposant pas une foi nouvelle, la Révolution ne pouvait plus emporter l'adhésion populaire.

Pourtant, le récit de Michelet s'appuie constamment sur des schémas religieux. Le modèle christique sert à évoquer l'avènement du peuple, sa passion et la possibilité de sa résurrection. Au Moyen Age, les humbles avaient déjà accepté la mort en prononçant ces touchantes paroles :

> « S'il vous plaît que je sois damné, que votre volonté soit « faite, ô Seigneur ! »
>
> Et ils s'enveloppèrent, paisibles, soumis, résignés, du linceul de la damnation » (« Introduction »).

Ils s'éveillèrent pour faire la Révolution, et subir dans Robespierre une nouvelle passion :

> « Robespierre, la tête enveloppée d'un linge sale taché d'un sang noir, qui soutenait sa mâchoire détachée, dans cette horrible situation que nul vaincu n'eut jamais, portant l'effroyable poids de la malédiction d'un peuple [...]
>
> Robespierre avait bu du fiel tout ce que contient le monde » (XXI, x).

Si Michelet jette l'anathème sur l'Église, qu'il juge

une forme périmée, il considère le modèle christique comme une de ces grandes grilles culturelles qui permettent de lire des moments différents de l'Histoire.

En faisant de l'*Histoire de la Révolution* l'évangile laïque du peuple-Christ, Michelet écrit déjà une version de cette « Bible de l'humanité » qu'il voudra donner au peuple en 1864.

Une histoire du Verbe

Chez Michelet, l'événement est toujours dominé par le Verbe, parole, cri ou, mieux, chant. Le Verbe, attribut divin donné par lui au peuple, représente l'énergie spirituelle. Les chants révolutionnaires sont de l'énergie pure, qui remue le Champ-de-Mars en 1790, gagne les batailles en 1792. Au moment de mourir, les héros parlent ou chantent, comme pour témoigner de la perpétuation de l'énergie révolutionnaire en dépit de leur mort. Charlotte Corday ne parle pas, mais de son sang naît un hymne :

> « André Chénier écrit un hymne à la divinité nouvelle :
> *Ô vertu ! le poignard, seul espoir de la terre,*
> *Est ton arme sacrée !...*
> Cet hymne, incessamment refait en tout âge et dans tout pays, reparaît au bout de l'Europe dans l'*Hymne au poignard*, de Pouchkine. »

Comme pour témoigner de l'épuisement de la Révolution, seuls Robespierre et ses amis meurent sans que renaisse le Verbe.

La représentation des grands moments de la Révolution s'appuie très souvent sur une forte théâtralisation. Frappante dans les exécutions et les fêtes, la mise en scène ordonne aussi les grands débats des assemblées et les grands jours du peuple. Le révolutionnaire est toujours un acteur. « Mirabeau fut un comédien sublime. » L'étonnant, c'est que la référence au théâtre ne s'assortisse pas d'un jugement négatif alors que Michelet a d'habitude horreur de l'artifice.

Si le théâtre est une image positive dans l'*Histoire de la Révolution* c'est sans doute parce qu'il est par excellence Verbe fait action. En lui, l'illusion n'abuse pas mais dénonce les faux-semblants. Le nom de Molière revient souvent sous la plume de Michelet, presque toujours comme l'auteur de *Tartuffe*. C'est une fonction de l'historien de démasquer les fables, et il rencontre là l'homme de théâtre. Aussi Michelet imagine-t-il qu'un dramaturge aurait pu, pendant la Révolution, anticiper son propre travail d'historien en débusquant chez Robespierre le nouveau Tartuffe.

Mais le théâtre, au XIXe siècle, est aussi dominé par la figure de Shakespeare, qu'on redécouvre. Michelet ne peut qu'être fasciné par ce dramaturge qui l'a précédé dans la résurrection du passé et a représenté les convulsions politiques comme des drames qui bouleversent l'ordre du monde.

Sens de la Révolution

Pour Michelet, la Révolution n'est pas la conclusion mouvementée des siècles monarchiques, mais, dès le premier jour, un événement tourné vers l'avenir, qui fonde une ère nouvelle. On ne devrait pas dire la Révolution, mais la Fondation, note Michelet. Il est significatif que dans l'ordre de son œuvre, l'*Histoire de la* ***Révolution*** se substitue à l'*Histoire de la Renaissance.*

L'*Histoire de la Révolution* dessine une courbe qui culmine en juillet 1790 avec la fête de la Fédération, apothéose de l'unanimité, naissance de la nation. Mais, en fait, si les journées s'enchaînent selon une logique rigoureuse, elles ne s'ordonnent pas pour autant selon une progression. Jusqu'à fin 1792, chaque grande journée est, indépendamment de celle qui l'a précédée, un moment initial et fondateur dans lequel se rejoue toute la Révolution. A bien y regarder, la Révolution ne se déploie pas dans le temps, seuls ses mécomptes, ses éclipses, sa décomposition, son échec ont une Histoire. En tant qu'origine, principe créateur, la Révolution ne peut avoir d'existence chronologique. Pour qu'elle reste vivante à chaque instant et dans l'avenir, il ne faut pas qu'elle s'inscrive dans le temps. L'historien doit en faire son deuil, la déclarer « perdue », comme est perdu le Paradis de la Genèse. Dès les élections de 1789, dès le premier chapitre de l'*Histoire de la Révolution*, elle est déjà *accomplie*, et l'on ne peut que déplorer sa perte :

« Ah ! qui ne serait touché au souvenir de ce moment unique, qui fut notre point de départ ? Il dura peu, mais il reste pour nous l'idéal où nous tendrons toujours l'espoir de l'avenir !... Sublime accord, où les libertés naissantes des classes, opposées plus tard, s'embrassèrent si tendrement, comme des frères au berceau, est-ce que nous ne vous verrons pas revenir sur cette terre ? » (I, 1.)

Ainsi la Révolution dévoile-t-elle sa nature de prophétie. Son Verbe engage le futur, son regard est tourné vers l'avenir.

« "Postérité ! Postérité !... tu ne nous es pas étrangère !" C'est avec ce mot tendre que l'homme sombre où fut la passion intense de la Révolution, le sphinx des jacobins, charmait sa voie sanglante, marchant déjà vers nous, nous voyant en esprit, consolant son affreux présent de nos prospérités futures...

Le beau, le terrible Saint-Just, le Verbe de la Terreur, dont chaque mot tombait comme un mot du destin ; il fut homme, pourtant, il eut un cœur... Nous fûmes sa pensée, qui le dédommageait du monde, dans son cruel isolement » (« Conclusion »).

Le XIXe siècle se trouve doublement enchaîné à la Révolution, comme l'acte à la promesse et comme la clef à l'énigme. Par un remarquable renversement, les siècles futurs contiennent l'explication du passé révolutionnaire dont ils furent les destinataires.

L'œuvre et son public

L'*Histoire de la Révolution* paraît à l'époque où une deuxième génération d'historiens va entrer en scène : Taine, Renan, Fustel de Coulanges... Cette nouvelle génération veut faire de l'Histoire une science exacte, dans une perspective positiviste, il s'agira de reconstituer les faits sur la base d'une érudition rigoureuse, en s'interdisant toute intervention personnelle et toute interprétation symbolique ou philosophique. « Il y a une philosophie et il y a une histoire, dit Fustel de Coulanges, mais il n'y a pas de philosophie de l'Histoire. »

La critique s'est donc montrée assez sévère pour l'œuvre de Michelet. On lui reproche ses nombreuses erreurs de détail, son enthousiasme passionné et partial, sa manie du symbole, incompatibles pense-t-on avec une démarche authentiquement scientifique.

Sous la IIIe République, l'*Histoire de la Révolution* va connaître un succès plus large. D'abord, des éditions populaires, à bon marché, étendent sa diffusion. Puis, Michelet, à titre posthume, devient une des figures institutionnelles de l'école laïque. Des extraits de l'*Histoire de la Révolution* figuraient dans tous les manuels de lecture de nos arrière-grands-parents. Ce succès scolaire a cependant contribué à défigurer durablement l'œuvre de Michelet. La pensée de l'historien se voit en effet souvent gauchie au profit d'une idéologie étroitement nationaliste qui lui est étrangère. Hubert Juin note à ce propos :

« Mieux encore que Victor Hugo, Jules Michelet a été

l'involontaire victime de la bonne volonté des critiques républicains. L'école laïque l'a revendiqué avec force, mais de la plus injuste des façons. C'était le grand homme du nationalisme au moment où les Français étaient "revanchards". Il fut, plus longuement, mais aussi indûment que Charles Péguy, la proie des émondeurs et de ceux qui manient, au niveau du socialisme municipal, l'art des idées reçues. Il ressemble à Noé, parce qu'il est ivre. Ses laudateurs ont pudiquement recouvert d'un pan de manteau tricolore sa nudité de Silène et de faune. Puis ils s'en allèrent, au grand vent des cocardes, mourir dans les tranchées des marchands de canons... »

Par ailleurs, l'*Histoire de la Révolution* n'a bonne presse ni auprès des historiens de droite, qui lui reprochent sa partialité pour les révolutionnaires, ni auprès des historiens marxistes qui critiquent sa vision petite-bourgeoise de l'Histoire. Mathiez écrit :

« Il vibrait sans doute aux misères du peuple, mais il ne savait, pour les faire cesser, que se livrer à des plaintes et à des objurgations qui frisent le ridicule. Dans un temps où Marx écrivait le *Manifeste communiste*, il bêlait à l'union des classes. »

Aussi Michelet a-t-il été récupéré par la littérature qui apprécie sa force de visionnaire, son style, le réseau compliqué de ses thèmes :

« Par exemple, politiquement, Michelet n'a eu aucune vue originale, il n'a que les idées moyennes de la petite-bourgeoisie vers 1840. Mais, passées à l'état de thèmes, ces idées communes deviennent des expériences spécifiques... » (Roland Barthes).

En reconnaissant ses qualités d'écrivain, on congédie avec bonne conscience l'historien.

L'évolution de la science historique au XXe siècle a largement amorcé la réhabilitation de Michelet historien. L'École des Annales qui, dans les années 30, renouvela la conception de l'Histoire, devait forcément reconnaître en Michelet un de ses ancêtres, elle qui mettait à l'ordre du jour « une histoire totale, organique, plus attentive aux structures qu'aux événements, mais refusant de les séparer, également sensible aux lentes évolutions et aux changements révélateurs » (Guy Palmade). A notre époque, Robert Mandrou, Jacques Le Goff (pour l'histoire médiévale), Albert Soboul et Michel Vovelle (pour la période révolutionnaire), entre autres, n'ont pas manqué de saluer l'œuvre de Michelet et de souligner ce qu'elle avait de précurseur dans l'étude des mentalités, des profondeurs, des longues durées... Il convient maintenant d'établir solidement que les réussites de Michelet ne sont pas le fruit de l'intuition, le miracle du génie, mais bien les résultats d'une méthode orientée consciemment vers la saisie de la totalité, l'analyse des symboles, l'écoute des silences de l'Histoire, la compréhension de ce grand acteur muet qu'il appelle le peuple.

Phrases clefs

Celui qui, par l'Histoire, partagea ce long supplice n'en reviendra jamais bien ; quoi qu'il arrive, il sera triste ; le soleil, la joie du monde, ne lui donnera plus de la joie ; il a trop longtemps vécu dans le deuil et les ténèbres (« Introduction », p. 14).

La Révolution n'est autre chose que la réaction tardive de la Justice contre le gouvernement de la faveur et la religion de la Grâce (« Introduction » p. 16).

La gloire de la Révolution dans ces premiers moments mais son péril aussi, ce qui pouvait la rendre moin certaine dans sa marche, c'était de se passer d'hommes d'aller seule, par l'élan des idées, sur la foi de la raiso pure, sans idole, et sans faux dieu (« Introduction ». Premières journées révolutionnaires).

Le Roi, cette vieille ombre, cette superstition antique, si puissante dans la salle des États généraux, elle pâlit au Jeu de Paume (I, 4, p. 25. 20 juin 1789).

Le 13 au soir, il y avait encore des doutes, et il n'y en eut plus le matin. Le soir était plein de trouble, de fureur désordonnée. Le matin fut lumineux et d'une sérénité terrible (I, 7, p. 28. 14 juillet 1789).

La révolution du 6 octobre, nécessaire, naturelle et légitime, s'il en fut jamais, toute spontanée, imprévue, vraiment populaire, appartient surtout aux femmes, comme celle du 14 juillet aux hommes (II, 9, p. 43. Journées d'octobre 1789).

Une chaleur toute nouvelle était dans l'air, une fermentation précoce se faisait sentir en eux ; citoyens pour la première fois, évoqués du fond de leurs glaces au nom inouï de la liberté, ils partirent, comme les rois mages et les bergers de Noël, voyant clair en pleine nuit, suivant sans pouvoir s'égarer, à travers les brumes d'hiver, une lueur de printemps et l'étoile de la France (III, 4, p. 48. Mouvement des fédérations, hiver 89-90).

Ces hommes lassés, épuisés, venaient, pour délassement, travailler encore aux lumières (III, 12, p. 52. Fête de la Fédération, juillet 1790).

Ainsi, l'automne, ainsi, l'hiver, roula par toute la France, contenu et comme à voix basse, un gigantesque *Ça ira !* (VI, 1, p. 68. La marche à la guerre, automne-hiver 1791-1792).

On pouvait, du pavillon de Flore, voir au Levant, déjà au quai du Louvre, l'armée vengeresse du peuple, la forêt de ses baïonnettes, flamboyante des feux du matin (VII, 9, p. 87. 10 août 1792).

On put voir cette chose fatale que la Royauté morte sous le déguisement de Varennes, avilie par l'égoïsme de Louis XVI au 10 août, venait de ressusciter par la force de la pitié et par la vertu du sang (IX, 13, p. 119. Exécution du roi, 21 janvier 1793).

Marat se voyait à peine, hâve, étrange, égaré, sous ces fraîches verdures printanières ; la crasse reluisait sous les fleurs (X, 8, p. 128. 24 avril 1793).

La sombre Assemblée robespierrisée, qui s'affaissait sur elle-même, fut tout à coup, malgré l'heure avancée du soir (il était neuf heures), illuminée d'un joyeux rayon du matin (X, 10, p. 133. 31 mai 1793).

Le jeune homme qui rêve un grand coup [...] de qui rêve-t-il maintenant ? qui voit-il dans ses songes ? est-ce le fantôme de Brutus ? Non, la ravissante Charlotte, telle qu'elle fut dans la splendeur sinistre du manteau rouge, dans l'auréole sanglante du soleil de juillet et dans la pourpre du soir (XII, 4, p. 152. Mort de Charlotte Corday, 19 juillet 1793).

Ce cortège fantastique dans une immense poussière, quand il rentra au noir palais, apparut celui des Furies (XIX, 4, p. 166. Fête de l'Être suprême, 8 juin 1794).

Des gens en veste, chapeau bas, disaient aux spectateurs sortants : « Faut-il une voiture, *mon maître* ? » L'enfant ne comprit pas trop ces termes nouveaux. Il se les fit expliquer, et on lui dit seulement qu'il y avait eu un grand changement par la mort de Robespierre (XXI, 10, p. 174. 10 thermidor [28 juillet 1794]).

Bibliographie

BARTHES, Roland, *Michelet par lui-même*, Paris, Éditions Le Seuil, 1954.

MONOD, Gabriel, *La Vie et la Pensée de Jules Michelet*, Champion, 1923.

PONS, Alain, « De la nature commune des nations au peuple romantique », *Romantisme*, n° 9.

SEEBACHER, Jacques, article « Michelet », *Dictionnaire des littératures de la langue française*, Paris, Bordas, 1984.

VIALLANEIX, Paul, *La Voie royale. Essai sur l'idée de peuple dans l'œuvre de Michelet*, Flammarion, 1959.

VIALLANEIX, Paul et collaborateurs, *Michelet cent ans après*, Presses universitaires de Grenoble, 1975.

Numéros spéciaux de revues consacrés à Michelet à l'occasion du centenaire de sa mort :
L'Arc, n° 52, 1973.
Europe, nov.-déc. 1973.
Revue d'histoire littéraire de la France, sept.-oct. 1974.

Signalons que l'on peut visiter, près de Rouen, un des cadres dans lesquels Michelet a travaillé à l'*Histoire de la Révolution* : le château de Vascœuil, propriété au XIXe siècle du gendre de Michelet, Alfred Dumesnil. On y verra, entre autres, la reconstitution fidèle du bureau de l'historien.

Index des principaux personnages

Les noms en caractères gras signalent que le portrait du personnage figurera dans le second volume consacré aux hommes de la Révolution.

BAILLY (Jean Sylvain) 1736-1793. — Astronome réputé. Élu député du Tiers aux États Généraux, il devint président de l'Assemblée nationale, organisa et présida le serment du Jeu de Paume (20 juin 1789). Il fut ensuite nommé maire de Paris (le 16 juillet). En tant que tel il fut tenu pour responsable de la fusillade du Champ-de-Mars (massacre des manifestants qui demandaient la déchéance de Louis XVI après sa tentative de fuite, le 17 juillet 1792). En conséquence, il fut guillotiné en 1793 au Champ-de-Mars.

BARBAROUX (Charles Jean Marie) 1767-1794. — Avocat. Député de Marseille à la Législative. Entièrement dévoué à Mme Roland, il se rallia aux girondins. Élu à la Convention, il s'opposa violemment aux montagnards. Après la chute du parti girondin, il s'enfuit à Caen où il tenta d'organiser une insurrection, puis dans la région bordelaise où il vécut caché pendant près de huit mois à Saint-Émilion avec Buzot et Pétion. Lorsqu'il se vit découvert, il tenta de se suicider, on le transporta à Bordeaux et on l'exécuta presque mourant.

BARÈRE (Bertrand de) 1755-1841. — Avocat au parlement de Toulouse. Député du Tiers aux États Généraux. Ses opinions devinrent de plus en plus hardies au fur et à mesure que la Révolution accéléra son rythme. Élu à la Convention, c'est sous sa présidence que l'Assemblée vota l'exécution immédiate de la sentence de mort contre le roi. Il fit partie du Comité de Salut public, son travail y fut impressionnant (plus de cent cinquante rapports). Le 9 thermidor le vit d'abord réservé, mais dans la nuit il se déclara ouvertement contre Robespierre. Malgré cela, il fut condamné à la déportation. Il s'évada, se cacha à Bordeaux. S'étant rallié à Bonaparte, il fut amnistié après le 18 Brumaire. Il dut s'exiler de nouveau sous la Restauration en tant que régicide.

BILLAUD-VARENNE (Jacques Nicolas) 1756-1819. — Avocat. Membre de la société des jacobins de bonne heure, il adopta les positions de Marat, Danton et Robespierre. Commissaire de la Commune de Paris, il prit part aux massacres de Septembre, puis fut élu député de Paris à la Convention. Il vota la mort du roi et se montra l'ennemi implacable des girondins et des émigrés. Il devint membre du Comité de Salut public où il fut l'un des principaux artisans de la politique révolutionnaire jacobine. Ses dissensions avec Robespierre contribuèrent à la chute de ce dernier le 9 thermidor. Billaud fut néanmoins déporté à Cayenne par la réaction thermidorienne. Il refusa l'amnistie de Bonaparte et termina ses jours à Haïti.

BRISSOT (Jean Pierre) 1754-1793. — Fils d'un riche hôtelier de Chartres, il devint gazetier à Paris. Il fut embastillé pour ses écrits et libéré grâce à l'intervention du duc d'Orléans dont il devint secrétaire. Il voyagea en Angleterre et aux États-Unis où il rencontra Washington et Franklin. Au début de la Révolution, il fut membre de la Commune de Paris, puis député à la Législative. Il se montra un partisan convaincu de la politique de guerre, joua un rôle prépondérant dans le parti girondin appelé pour cela parti « brissotin ». Il fut guillotiné le 31 octobre 1793.

BUZOT (François) 1760-1794. — Avocat. Député aux États Généraux, il se montra proche de Robespierre. A la Convention, où il fut de nouveau élu, il vota la mort du roi, mais se rallia aux girondins sous l'influence de Mme Roland à laquelle il vouait une amitié passionnée. Il attaqua alors violemment Robespierre et Danton. Après la chute des girondins, il s'enfuit en Normandie, tenta d'y fomenter une insurrection, puis se cacha dans la région bordelaise où il finit par s'empoisonner avec Pétion.

CAMBON (Joseph) 1756-1820. — Négociant de confession protestante. Député à la Législative et à la Convention. Il siégea dans les rangs des montagnards, vota la mort du roi. Il dirigea le Comité des Finances et contribua à la chute de Robespierre qui critiquait ses méthodes financières. Il fut poursuivi sous la Convention thermidorienne.

CATHELINEAU (Jacques) 1759-1793. — Colporteur et tisserand dans la région angevine. Il prit la tête des jeunes gens réfractaires à la levée en masse décrétée en 1793. Il s'empara de Cholet, Thouars et Saumur. Il fut proclamé en juin 1793 commandant en chef de « l'armée catholique et royale ». Il fut mortellement blessé au cours de l'attaque de Nantes.

CHARETTE (François de) 1763-1796. — Issu d'une famille de vieille noblesse, il défendit les Tuileries au 10 août 1792. Puis il se mit à la tête des paysans vendéens insurgés, participa au siège de Nantes. Il signa un accord de paix avec la Convention thermidorienne, mais le rompit. Il fut arrêté en 1796 par le général Hoche, lors de la tentative de débarquement des émigrés à Quiberon, et fusillé à Nantes.

COLLOT D'HERBOIS (Jean Marie Collot, dit) 1755-1796. — Acteur et auteur dramatique. Membre de la Commune insurrectionnelle de Paris après le 10 août, il participa aux massacres de Septembre. Député de Paris à la Convention, montagnard. Il devint membre du Comité de Salut public où il s'occupa de politique intérieure. En novembre 1793, il fut envoyé en mission à Lyon où il exerça de sanglantes représailles contre l'insurrection fédéraliste et royaliste. Il présida la Convention le 9 thermidor et donna l'ordre d'arrêter Robespierre. Il fut déporté en Guyane en 1795 et ne tarda pas à y mourir.

CONDORCET (Marie Jean Antoine de Caritat, marquis de) 1743-1794. — Mathématicien et philosophe, disciple de Diderot et de Voltaire, ami de Turgot. Député à la Législative et à la Convention, il proposa un projet de réforme de l'instruction publique, vota la déportation du roi. Après la

il siégea parmi les montagnards et adopta des positions proches de Robespierre. Il fit partie du Comité de Sûreté générale, vota la mort du roi, organisa les fêtes révolutionnaires. Après le 9 Thermidor, il fut deux fois incarcéré. Il se rallia à Bonaparte aussitôt après le 18 Brumaire et devint le « premier peintre de l'Empereur ». Sous la Restauration, il s'exila en Belgique où il termina ses jours.

DESMOULINS (Camille) 1760-1794. — Boursier au lycée Louis-le-Grand, condisciple de Robespierre. Il devint avocat à Paris. Participa activement aux premières journées insurrectionnelles de juillet 1789. S'affilia au Club des cordeliers. Avec Hébert et Marat, il fut l'un des trois grands journalistes de la Révolution (*Les Révolutions de France et de Brabant*, puis *Le Vieux Cordelier*). Il contribua à la journée du 10 août, eut sa part de responsabilité dans les massacres de Septembre. Il suivit Danton au ministère de la Justice. Député à la Convention, montagnard, il combattit par des pamphlets les girondins, puis il évolua vers le modérantisme et lança un appel à la clémence. Il fut arrêté, jugé et guillotiné avec Danton.

DUMOURIEZ (Charles François Duperrier, dit) 1739-1823. — Aventurier, officier, chargé de plusieurs missions secrètes sous l'Ancien Régime. Il s'affilia au Club des jacobins, devint ministre des Affaires étrangères en mars 1792, poussa à déclarer la guerre et fut renvoyé en même temps que les ministres girondins. Commandant en chef de l'armée du Nord, vainqueur avec Kellermann à Valmy et à Jemmapes, il occupa ensuite la Belgique. Chargé de la campagne contre la Hollande en 1793, il perdit la bataille de Neerwinden (mars 1793). Relevé de son commandement, il livra aux Autrichiens les commissaires envoyés par la Convention et passa à l'ennemi (avril 1793). Il termina sa vie en exil.

GUILLOTIN (Joseph Ignace) 1738-1814. — Médecin du comte de Provence. Il fit campagne pour le doublement du Tiers État, élu député de Paris aux États Généraux. En janvier 1790, il proposa à la Constituante de généraliser la peine de mort par décapitation (réservée jusque-là aux nobles) et préconisa l'emploi d'une machine à décoller qui amenait un

à la mise en accusation lancée contre les girondins le 2 juin 1793. Il réussit à se cacher sous la Terreur. Après la chute de Robespierre, il reprit sa place dans la Convention. Il se rallia à Bonaparte, fut chargé de l'administration du Var et devint baron d'Empire. Sous la Restauration, il se montra fervent royaliste.

KELLERMANN (François Christophe) 1735-1820. — Il s'engagea dans l'armée à dix-sept ans, fit la guerre de Sept Ans, devint colonel en 1784, général en 1792. Il participa avec Dumouriez à la victoire de Valmy. En 1793, il obtint le commandement de l'armée des Alpes et fut chargé de la répression de l'insurrection lyonnaise. Jugé trop modéré, il fut destitué et emprisonné, puis acquitté après le 9 thermidor. Napoléon le fit maréchal d'Empire et duc de Valmy. Louis XVIII lui donna le titre de pair de France.

LA FAYETTE (Gilbert Motier, marquis de) 1757-1834. — En 1777, il partit combattre dans les rangs des insurgés américains. Il obtint le grade de général major sous les ordres de Washington. Élu député de la noblesse aux États Généraux, il proposa un des premiers la Déclaration des droits de l'homme. Après la prise de la Bastille, il fut nommé commandant en chef de la Garde nationale. Il triompha le 14 juillet 1790 à la fête de la Fédération où il prêta le serment et le fit répéter par la foule. Sa popularité s'effrita après l'affaire des Suisses de Nancy, la tentative de fuite du roi, la fusillade du Champ-de-Mars. Décrété d'accusation après le 10 août, il passa chez les Autrichiens qui l'emprisonnèrent. Il put rentrer en France après le 18 Brumaire, se tint à l'écart de l'Empire, devint le chef de l'opposition libérale sous la Restauration et contribua beaucoup à l'avènement de Louis-Philippe en 1830.

LAMBALLE (Marie-Thérèse de Savoie-Carignan, princesse de) 1749-1792. — Grande amie de Marie-Antoinette, elle émigra en Angleterre au moment de la fuite de Varennes, mais en revint pour partager la captivité de la famille royale. Elle fut enfermée à la prison de la Force et massacrée le 3 septembre 1792. Son corps fut dépecé et sa tête présentée au bout d'une pique aux fenêtres de la famille royale.

LEGENDRE (Louis) 1752-1797. — Boucher à Paris. Il participa à la prise de la Bastille et aux journées d'octobre 1789. Son éloquence en fit un meneur populaire influent. Il présenta le bonnet rouge au roi le 20 juin 1792. Député montagnard à la Convention, il vota la mort du roi, fit partie un moment du Comité de Sûreté générale, puis s'opposa à Robespierre, contribua à sa chute et devint l'un des artisans de la réaction thermidorienne. Il ferma le Club des jacobins et réprima l'insurrection populaire en 1795.

MAILLARD (Stanislas Marie) 1763-1794. — Huissier à Paris, il s'illustra à la prise de la Bastille en allant chercher au péril de sa vie les propositions des assiégés. Il arbora ensuite le titre de « capitaine des volontaires de la Bastille ». Le 5 octobre 1789, il prit la tête des femmes qui allaient à Versailles. Lors des massacres de Septembre, il s'institua président d'un tribunal populaire à la prison de l'Abbaye. Rallié à la tendance hébertiste, il fut chargé par le Comité de Salut public d'organiser la police révolutionnaire. Il mourut dans la misère, atteint de phtisie pulmonaire.

MANUEL (Louis Pierre) 1751-1793. — Son activité littéraire lui valut un séjour de trois mois à la Bastille avant la Révolution. Mis par son ami Bailly à la tête de la police provisoire de Paris en 1789, il devint procureur de la Commune de Paris en 1791. Il participa aux journées révolutionnaires du 20 juin et du 10 août 1792, sauva des prisonniers lors des massacres de Septembre. Député à la Convention, il réclama la déchéance du roi, fit transférer la famille royale au Temple, mais se montra fermement opposé au procès du roi. Il donna sa démission lorsque la condamnation fut prononcée. Il fut arrêté et guillotiné en novembre 1793.

MARAT (Jean-Paul) 1743-1793. — Issu d'une famille sarde convertie au calvinisme et devenue citoyenne de Genève, Marat étudia la médecine en France et l'exerça à Londres de 1767 à 1777. Il publia à cette époque des ouvrages d'inspiration matérialiste et révolutionnaire (*Les Chaînes de l'esclavage*, 1774). En septembre 1789, il fonda *L'Ami du peuple*, journal dans lequel il attaqua avec violence l'Assemblée et

le ministère, ce qui lui valut d'être incarcéré en octobre-novembre 1789. Il dut ensuite se réfugier à deux reprises en Angleterre (début 1790 et début 1792). Il se fit le porte-parole des sans-culottes et se préoccupa des difficultés économiques des classes populaires. Ses appels à l'élimination des ennemis du peuple purent jouer un rôle dans les massacres de Septembre. Président du Club des jacobins et député montagnard à la Convention, il fit décréter la formation du Tribunal révolutionnaire et du Comité de Sûreté générale. Il attaqua violemment la politique des girondins et contribua à leur chute, mais fut assassiné six semaines plus tard par Charlotte Corday. Il devint l'un des martyrs de la Révolution.

MERLIN DE THIONVILLE (Antoine Christophe Merlin, dit) 1762-1833. — Avocat. Député à la Législative et à la Convention où il se montra un montagnard fanatique. Il fit décréter la confiscation des biens des émigrés, la déportation des prêtres réfractaires. Le 10 août, il pénétra un des premiers, pistolet au poing, dans les Tuileries. Il fit preuve d'intrépidité au siège de Mayence. Il se déclara contre Robespierre le 9 thermidor et prit des mesures pour étouffer l'insurrection en sa faveur. Il se retira de la politique quand Bonaparte fut nommé consul à vie.

MIRABEAU (Honoré Gabriel Riquetti, comte de) 1749-1791. — Accumula dans sa jeunesse dettes et scandales. Fut interné à la demande de son père. Enleva Sophie Monnier, femme du gouverneur de sa prison, s'enfuit en Angleterre, en Hollande, puis passa quarante-deux mois au donjon de Vincennes (1777-1780). Il vécut ensuite de sa plume dans divers pays étrangers, écrivant pamphlets et libelles contre l'absolutisme royal. Aux élections pour les États Généraux, il fut rejeté par la noblesse, mais triomphalement élu par le Tiers État d'Aix et de Marseille. Orateur brillant, il défendit les idées démocratiques dans la perspective d'une monarchie constitutionnelle. Il se rapprocha en secret de la cour (mai 1790) qui acheta sa protection. Il mourut le 2 avril 1791. Il fut le premier à être inhumé au Panthéon, mais on en retira ses restes le 21 septembre 1794 après que l'on eut la preuve de sa collusion avec la cour.

Mounier (Jean Joseph) 1758-1806. — Avocat. Joua un rôle important dans le Dauphiné pendant la phase pré-révolutionnaire. Député des États Généraux. Il fut l'un des instigateurs du serment du Jeu de Paume. Modéré, partisan d'une monarchie constitutionnelle, les journées d'octobre 1789 lui firent peur, il envoya aussitôt après sa démission de député et se retira à Grenoble. Il se réfugia ensuite à l'étranger où il vécut difficilement. Il revint après le 18 Brumaire, fut préfet et conseiller d'État sous l'Empire.

Pétion (Jérôme) 1756-1794. — Avocat. Député du Tiers aux États Généraux. Intervint dans les débats sur l'affranchissement des Noirs. Il était alors très proche de Robespierre. Il devint maire de Paris (novembre 1791-octobre 1792) et permit la formation de la Commune insurrectionnelle et la journée révolutionnaire du 10 août 1792. Il laissa se dérouler les massacres de Septembre. Député à la Convention, il se rapprocha alors des girondins. Au procès de Louis XVI, il vota l'appel au peuple, puis la mort sans sursis. Impliqué dans l'accusation des girondins, il s'enfuit à Caen, puis dans la région bordelaise où, sur le point d'être arrêté, il se suicida avec Buzot.

Robespierre (Maximilien de) 1758-1794. — Boursier à Louis-le-Grand, il fut le condisciple de Camille Desmoulins. Avocat à Arras. Député du Tiers aux États Généraux. Il s'affirmait alors monarchiste constitutionnel, mais ses prises de position devant l'Assemblée ou au Club des jacobins reflétaient dès lors un programme plus avancé. Il s'opposa en vain à la déclaration de guerre au printemps 1792. Après le 20 juin 1792, il devint républicain et réclame la déchéance du roi. Il entra au Conseil général de la Commune (10 août 1792). Député de Paris à la Convention, il siégea avec la Montagne, vota la mort du roi, combattit les girondins. Il poussa à l'établissement d'un gouvernement révolutionnaire. Entra au Comité de Salut public en juillet 1793 et en devint le chef. Il défendit la nécessité de la Terreur, mais fit rappeler de province les envoyés en mission trop sanguinaires. Il fi

de Paris, fut chargé de la garde du Temple où était emprisonnée la famille royale, et conduisit Louis XVI à l'échafaud. Il commanda un corps d'armée en Vendée, mais se révéla un général pitoyable. Il fut rappelé à Paris et envoyé en prison, puis libéré après le 9 thermidor. Il quitta alors la vie politique.

SIEYÈS (Emmanuel) 1748-1836. — Vicaire général du diocèse de Chartres. Auteur de la brochure *Qu'est-ce que le Tiers État ?* (janvier 1789) qui connut un grand retentissement. Député de Paris aux États Généraux. Il mit au point la réunion des trois ordres, joua un rôle décisif dans la transformation des États Généraux en Assemblée nationale, rédigea le serment du Jeu de Paume, contribua à faire adopter la division administrative de la France en quatre-vingt-trois départements. Député à la Convention, il siégea dans la Plaine. Vota la mort du roi, se tint ensuite dans une prudente réserve. Après le 9 thermidor, il reprit un rôle actif, prépara le coup d'État du 18 Brumaire et devint consul provisoire. Fait comte d'Empire en 1809, proscrit comme régicide de 1815 à 1830.

TALLEYRAND (Charles Maurice de Talleyrand-Périgord) 1754-1838. — Évêque d'Autun. Député du Clergé aux États Généraux. Il se montra favorable à la réunion des trois ordres, proposa de mettre les biens du Clergé à la disposition de l'État. Au cours de la fête de la Fédération (14 juillet 1790), il officia sur l'autel de la patrie. Il approuva la Constitution civile du clergé, devint chef du clergé constitutionnel et fut condamné comme schismatique par le pape. Il vécut en laïc dès janvier 1791. Il remplit des fonctions diplomatiques. Accusé d'avoir intrigué au profit du duc d'Orléans, il s'installa à Londres en 1792, puis en Amérique. Il revint à Paris en 1796, contribua à la réussite du 18 Brumaire, devint ministre des Affaires étrangères du Consulat. Sous l'Empire, il fut grand chambellan. Il joua un rôle important au Congrès de Vienne (1814-1815).

TALLIEN (Jean Lambert) 1767-1820. — Fonda en 1791 un journal, *L'Ami des citoyens*, et fréquenta le Club des jacobins. Membre de la Commune de Paris après le 10 août 1792

Député à la Convention, vota la mort du roi et combattit les girondins. En septembre 1793, il fit régner la terreur à Bordeaux où il avait été envoyé en mission. Rappelé à Paris, il se sentit menacé et travailla à la perte de Robespierre. Il fut l'un des chefs de la réaction thermidorienne. Son activité politique s'éteignit avec la fin de la Convention.

VERGNIAUD (Pierre Victurnien) 1753-1793. — Avocat au parlement de Bordeaux. Député à la Législative. Il combattit la monarchie, demanda la guerre contre l'Autriche. Député à la Convention, il se déclara contre Robespierre, Marat et Danton. Il dénonça le pouvoir grandissant de la Commune (septembre 1792), demanda l'appel au peuple pour le procès du roi, vota cependant la mort sans sursis. Il s'opposa aux premières mesures de salut public, en particulier à la création du Tribunal révolutionnaire. Accusé de fédéralisme, arrêté avec les députés girondins, le 2 juin 1793, il fut guillotiné avec eux.

WESTERMANN (François Joseph) 1751-1794. — Se lia avec Danton en 1792, participa à la journée révolutionnaire du 10 août 1792. Nommé général en 1793, il combattit les insurgés vendéens et contribua aux victoires républicaines du Mans et de Savenay. Il fut surnommé « le bourreau de la Vendée ». Destitué en janvier 1794, il fut condamné à mort et exécuté avec les dantonistes.

Table

LES GRANDES JOURNÉES

COMMENTAIRES

Toutes les photos intérieures sont de Bulloz.

de comptage de la durée révèlent les grandes fractures sociales et caractérisent « la trajectoire de chaque civilisation ».

Jacques Attali. *Les Trois Mondes.* 4012

L'économie contemporaine et la crise. Après avoir vécu dans le monde de la *régulation*, puis dans celui de la *production*, nous sommes entrés dans celui de l'*organisation*.

Jacques Attali. *Bruits.* 4040

« Le monde ne se lit pas, il s'écoute. » Jacques Attali se livre à un étonnant exercice : percer à jour les mystères de l'histoire des sociétés grâce à la compréhension de l'histoire de leur musique. Comment la maîtrise des sons explique la structure du pouvoir.

Georges Benrekassa. *Montesquieu, la liberté et l'histoire.* *Inédit.* 4067

Montesquieu notre contemporain. Pour découvrir un philosophe de la liberté aux prises avec l'intelligence de l'histoire et comprendre à quelles conditions les vérités du libéralisme sont acceptables.

Jacob Burckhardt. *La Civilisation de la Renaissance en Italie, 1, 2, 3.* 4055, 4056, 4057

Tome 1. Un temps, un monde, une civilisation. Jacob Burckhardt a peint le tableau saisissant de la plus grande révolution culturelle de l'Occident moderne : la Renaissance. Un âge était passé, un autre allait naître. Où il est question de politique et de « développement de l'individu ». La philosophie du pouvoir évolue : du conformisme au réalisme, du moralisme au cynisme. Le volume des avènements.

Tome 2. Fascination des élites pour l'Antiquité, d'une part, et découverte de l'homme et du monde, de l'autre. Le volume des nostalgies.

Tome 3. Pour percevoir la complexité d'un univers religieux où cohabitent des superstitions ancestrales avec l'idée d'un Dieu unique. Diablerie et sorcellerie côtoient les longues exégèses de la Bible. Le volume des paradoxes.

Cornélius Castoriadis. *Devant la guerre.*

Nouvelle édition revue et corrigée 4006

Cornélius Castoriadis examine l'actuel état des forces des deux grandes puissances qui dominent la planète : U.S.A. et U.R.S.S. Pour l'heure, l'avantage est en faveur de l'Union soviétique. Devenue « statocratie », la nation laisse le militaire l'emporter sur le politique.

Guido Ceronetti. *Le Silence du corps.* 4089

Le corps dans tous ses états. Corps biologique, corps social, corps nature...

Peu de penseurs ont parlé avec tant d'intelligence de nos douleurs, de nos maladies, de nos sensations, de nos plaisirs comme de nos fantasmes.

Régis Debray. *Le Scribe.* 4003

La figure de l'intellectuel sous la loupe de l'historien des idées. Des origines à nos jours, les mille et une métamorphoses du scribe. Une vaste fresque qui traverse siècles et civilisations.

Laurent Dispot. *La Machine à terreur.* 4016

On ne peut comprendre les phénomènes de la violence politique contemporaine si l'on ignore ce qui s'est joué avec la Révolution française. La logique des hommes et les systèmes de la violence.

Umberto Eco. *La Guerre du faux.* 4064

Une chronique raisonnée de nos nouvelles mythologies. Blue-jean, football, télévision, terrorisme, hyperréalité, phénomènes de mode... L'univers quotidien de notre siècle finissant méthodiquement déchiffré.

Lucien Febvre. *Au cœur religieux du XVIe siècle.* 4014

Des figures remarquables : Érasme, Luther ou Descartes. Les racines de la Réforme. Les luttes contre la sorcellerie. Lucien Febvre remodèle notre vision du XVIe siècle et nous démontre (*a contrario* du discours dominant) que cette époque ne s'était pas libérée de l'emprise religieuse, donc qu'elle ne pouvait aucunement être perçue comme le point de départ du rationalisme scientifique.

Yves Lacoste. *Questions de géopolitique. L'Islam, la mer, l'Afrique.* *Inédit.* 4087.

A travers une série d'analyses percutantes, Yves Lacoste nous montre la nouvelle physionomie de la planète et nous aide à débrouiller des questions aussi complexes que celles de l'Islam, des mers et de l'Afrique.

Claude Lefort. *L'Invention démocratique* 4002

Non, le totalitarisme n'est pas une fatalité. Et à qui sait entendre, des voix jaillies des profondeurs de l'oppression racontent le roman de sa disparition. Une très grande leçon de philosophie politique.

Émile Mâle. *L'Art religieux du XIIIe siècle en France.* 4076

Étourdissant d'érudition et d'intelligence. Le Moyen Age : ses croyances, sa conception du monde, son univers mental sont mis à nu dans des pages éblouissantes. Un classique de l'Histoire.

Jean-Jacques Marie. *Trotsky*

Textes et débats *Inédit.* 5004

Le stratège, l'économiste, le philosophe, l'idéologue, le politique : toutes les figures de l'intellectuel sont soigneusement présentées.

Anne Martin-Fugier. *La Place des bonnes*

La domesticité féminine en 1900. 4028

Fantasmes, rêves, désirs : l'inconscient bourgeois tel qu'en lui-même. *La Place des bonnes* est, sur la société bourgeoise, l'un des plus formidables documents issus de la nouvelle génération des historiens.

Anne Martin-Fugier. *La Bourgeoise.* 4082

Élégante, paradante, rayonnante : la bourgeoise. Femme-épouse et femme-mère, dévouée au service du mari et à l'éducation des enfants. Sa vie est-elle sinécure ou enfer ? Bonheur ou tristesse ? Anne Martin-Fugier continue son étonnante radiographie de la société bourgeoise.

Ernest Renan. *Marc Aurèle ou la fin du monde antique.* 4015

Marc Aurèle relate l'agonie de l'Empire romain. Sur un sujet qui a hanté tout le XIXe siècle, Renan a probablement été le seul à exposer une version des faits et des causes proche de nos thèses modernes.

Dominique Veillon. *La Collaboration.*

Textes et débats. *Inédit.* 5002

Synthèse brillante des documents et chronologie précise, de 1933 à la fin de la guerre, la Collaboration avec ses acteurs et ses événements. Pour comprendre comment un pays a pu accepter la rafle du Vel'd'Hiv, la création des « Sections spéciales » et le S.T.O.

Composition réalisée par C.M.L., Montrouge

IMPRIMÉ EN FRANCE PAR BRODARD ET TAUPIN
Usine de La Flèche (Sarthe).
LIBRAIRIE GÉNÉRALE FRANÇAISE - 6, rue Pierre-Sarrazin - 75006 Paris.

ISBN : 2 - 253 - 04767 - 8 30/4281/9